近代・東北アイヌの残影を追って

筒井功

河出書房新社

はじめに

札幌《さっぽろ》、稚内《わっかない》、網走《あばしり》、釧路《くしろ》、苫小牧《とまこまい》、室蘭《むろらん》、名寄《なよろ》、芦別《あしべつ》、歌志内《うたしない》、帯広《おびひろ》、利尻《りしり》、知床《しれとこ》、襟裳《えりも》……北海道には周知のように、アイヌ語に由来する地名がおびただしく残っている。というより、とくに明治以後になってこの地へ移住してきた和人によって付けられた、そう多くはない地名を別にすれば、ほぼ全部がアイヌ語によっているとして過言ではない。すなわち、北海道は地名に関するかぎり、依然としてアイヌ語の大地なのである。

この事実からもわかるように、アイヌ人は北海道の先住民（先住民族）であった。「先住民」とは、ある土地に「元来、住んでいた」民族のことではない。元来などといえば、たしかなことは結局、究明しようがないことになる。アイヌ人が例えば江戸時代には、北海道で暮らす主要な民族だったことははっきりしているが、それがいつごろまでさかのぼるのかは、いまのところ不明だとされている。

先住民とは、主として近世以降の植民国家が、しばしば領土拡張の意図をもって他地域へ出かけていった際、そこで遭遇した現地民族のことである。アイヌ人もまた、その意味における北海道の先住民であった。それは今日、ほとんどの日本人にとって常識になっているといってよいだろう。

一方で、アイヌ人は北海道どころか、日本列島全域の先住民だったとする指摘が明治のころに現れ、いまに至るまでこれを支持する人びとも、専門学者を含めて少なくない。この立場をとると、アイヌ人は縄文文化の継承者、縄文人の末裔ということになる。

わたしは、この説にどうしてもくみすることができない。それは、わたしなりに本州のアイヌ語地名の分布状態を調べた結果である。卑見では、アイヌ語地名は本州以南では青森、岩手、秋田三県のほぼ全域と、宮城県の北部三分の一くらいにしか存在しない。つまり、アイヌ人（アイヌ語を母語とした民族集団）は、これより南では地名を残すほど濃密に分布したことがないと考えている。これについては、わたしはすでに『アイヌ語地名と日本列島人が来た道』（二〇一七年、河出書房新社）、『アイヌ語地名の南限を探る』（二〇二〇年、同）で、そのる理由をるる説明してある。

要するに、卑見によればアイヌ人は、かつて北海道と東北地方の北部三県および宮城県の北部に居住しており、これらの地域にアイヌ語の地名を残したといえる。そうして、北海道では和人が植民者として進出してくるまでは、この島は基本的にアイヌ人の天地であった。当然、幕末や明治の初めには、それ以前から主に営利活動を目的に来島していた和人を除けば、ここで見かける人間はアイヌ人ばかりであった。これも、常識の部類に属するだろう。

しかし東北北部にも、明治以後もなおアイヌ人がいたと聞けば意外に感じる方が多いのではないか。そんなことは想像したこともないとつぶやかれる人も少なくあるまい。もっともな話だと思う。管見の及んだかぎりでは、この種の報告をまとめた著作はなさそうだからである。

だが、二〇世紀に入っても東北地方で暮らすアイヌ人は少数ながらいた。彼らは、そこにアイヌ語地名を残した民族集団の末裔であったとみられる。といっても、わたしはアイヌ人が東北北部の「先住民」だったと考えているのではない。彼らは、いつのころかに北海道から南下してきて、おそらく和人と混住していたようである。

アイヌ人は狩猟、漁撈、自然物の採集で生活する人びとであった。農業とのかかわりは、いたってうすかった。だから、すでに農耕中心の暮らしに移っていた和人と居住域を住み分けて生きていくことができたのである。東北北部に分布するアイヌ語地名と、和語（日本語）地名とのまじり具合を子細に検討すると、そのような推測が可能になる。

東北北部のアイヌ人は、その後どこかへ移動していったのではない。少しずつ、ときに急速に和人と混血、混合して、いつの間にか母語であるアイヌ語を忘れ、その外観上の特徴を失い、固有の民俗・風習から離れていったのである。すなわち、和人と同化したのであった。

それが、いつごろからいつごろにかけて起きたのか、いちがいにはいえない。ただ、近代に入ってもなお、自らアイヌ人だと意識し、まわりの人びともそうみなしていた小さな民族集団が東北地方にも存在していた。

本書は、彼らの消えゆく直前の姿、あるいは消えてしまって間もないころの周辺住民たちの記憶を紹介することを目的にしている。それは、日本という国が、いくつもの異質の要素を包含しながら成立したことを示す、ささやかな一例になるのではないかと思う。

なお、本書ではアイヌ（アイヌ語で「人、人間」といったほどの意味）、アイヌ人、アイヌ民族の語を同義に用い、とくに使い分けはしていない。また、内容に前掲の二拙著と重複する部分が少なくないが、この点については、それらに目を通されていない方への便宜と、本書の構成上の必要性によっていることをご了解いただけると幸いである。

近代・東北アイヌの残影を追って

◉

目次

装幀――水上英子／カバー写真©ＰＩＸＴＡ（津軽半島・鋳釜崎）

近代・東北アイヌの残影を追って

第一章　岩手県二戸市の「アイヌ村」

1　喜田《きた》貞吉《さだきち》『蝦夷《えみし》の研究』から

明治から昭和へかけての代表的な歴史家の一人だった喜田貞吉（一八七一―一九三九年）は生前、著書の少ない学者として知られていた。といっても、めったに文章を発表しなかったわけではない。いや、むしろ逆で、その著述は膨大な量にのぼっていた。ただ、ほとんどが論文として世に出されており、本の形をとったものが少なかっただけである。喜田は、その点について、「知識が進むほどに、どんどん見解が変化していく」旨のことを語り残している。何ヵ月もかかって執筆しているあいだに、新たな情報を得て、前に書いた部分を取り消さなくてはならないことになるため、書物にすることに必ずしも熱心ではなかったのかもしれない。

そういうこともあり、喜田の著述の全貌を知るのは、この方面の専門研究者を別にすれば、長いあいだなかなか難儀なことであった。一般読者が喜田の文章に容易に接することができるようになったのは、その死から四〇年ばかりもたった一九七九年から八二年にかけて、平凡社から『喜田貞吉著作集』全一四巻が出版されて以後である。

その第九巻は、著作集で『蝦夷の研究』と題されている。刊本で五〇〇ページ余にのぼる同巻は、わが国の古代史に登場する、北方の「まつろわぬ民」蝦夷（えみし）について広い視野から、深い考察を加えた論文集である。

これは、もっぱら古文献にもとづく歴史研究の枠を超えて、喜田が生きていた時代の北海道や東北地方の住民からの聞取りを含んだ異色の著述であった。喜田は歴史家であるとともに、民俗学者としての側面を強くもっていたが、それがこの巻の内容にも色濃く現れている。

喜田は昭和十二年（一九三七）三月、青森市へ調査に赴いた際、現東津軽郡平内《ひらない》町東滝《ひがしたき》に明治九年（一八七六）まで貝原与三郎というアイヌ人が住んでいたが、そのあと北海道の現古平《ふるびら》郡古平町の同族を頼って移住していったことを同市の古老から教えられる。

『蝦夷の研究』一一七ページによると、喜田は、

「この事実をもって非常に珍らしく、かつ興味あるものと考えたがために、東北帝大の食堂において食後の雑談のさいこれを紹介した」

のだった。

喜田は、これより前の大正十三年（一九二四）九月、何か問題を起こしたわけでもないのに、京都帝国大学教授の職を自ら辞し、東北帝国大学の講師として宮城県仙台市へ赴任していた。教授から講師という、はたから見れば、かなり異様に映ったと思われるこの転身は、蝦夷への関心

と、その研究に専念するためだったらしい。

　そのとき食堂には、同じ大学の講師で地質・火山学者の田中舘秀三《たなかだてひでぞう》氏（一八八四―一九五一年）がいた。そうして、喜田は田中舘氏の口から、自分が語ったことよりはるかに驚くべき話を聞かされたのだった。それは二つの事実からなっていた。

　一つは、現岩手県二戸市福岡出身の田中舘氏が、

「子供の時分に、乳母とも、子守ともして面倒を見てくれた婦人は、二戸郡石切所《いしきりどころ》村（現同市石切所）のアイヌの娘であり、その父親は長鬚をはやした立派な風采の男で、妻はその夫に対してアイヌと呼称していたというのである。田中舘君の幼時といえば明治二十年（一八八七）ころのことで、このアイヌはむろん明かに日本民籍に編入せられていたに相違ないが、しかし事実上なお隣人からアイヌとして認められ、家庭においてもアイヌとして自認していたことが知られるのである」

喜田貞吉。現徳島県小松島市櫛渕町の出身であった。

田中舘秀三氏。東北帝大で喜田貞吉の同僚であった。

というものである。

もう一つは、田中舘氏が、

「小学校在学のころ教員に引率せられて、同郡福岡町なる区裁判所へアイヌの公判を見学に行かれた。事件は二戸郡在住アイヌの父子が山狩に行ったさい、子が誤って親を射ったという過失傷害罪で、この家族はもと二戸郡にいたのであったが、いったん北海道へ移住し、後再び郷里へ帰って来たのであったがために、北海道育ちの子供の方は日本語が十分出来ない。そこで公判に際し被害者が被告の通弁をしたというのである。これは裁判所の記録を調査すれば判明することではあろうが、年代はどうしても明治二十五、六年ころであったと推定せられるのである」

という話であった。

喜田は、

「以上三箇の新事実はいずれも最も信ずべきもので、津軽においても、南部においても、近く明治年代まで、その戸籍にはなんとあろうとも、事実上アイヌが依然みずからアイヌたることを意識し、他からも然《し》か認識せられて遺存したのであった」

と追記している。

喜田貞吉が、この文章を書きおえたのは昭和十二年十月七日のことであった。喜田は布団の上に腹ばいになって原稿を書くくせがあったといい、これもおそらくその姿勢でつづったのではないか。

喜田は、これから一年九ヵ月ほどのちの昭和十四年（一九三九）七月三日、胃がんのため死去している。満の六七歳であった。

2 田中舘《たなかだて》秀三《ひでぞう》氏と、その一族

喜田が書き残した先の文章が記す事実について、より詳しいことを知りたくて、わたしは二度にわたり二戸市を訪れ、とくに同市石切所を中心に聞取りを行っている。しかし、その話をする前に、田中舘秀三氏と、その一族のことを紹介しておいた方が全体を理解しやすくなると思う。

秀三が生まれたのは、前記のように明治十七年(一八八四)であった。生家の下斗米《しもとまい》家は現二戸市福岡の市街北部、字《あざ》横丁にあり、彼は与三郎、たよ夫婦の三男として出生している。父の実兄の田中舘稲蔵《とうぞう》は二戸郡長を務めたこともある、町でも有数の旧家だった。秀三の旧姓が伯父と違うのは、与三郎が下斗米家へ養子に入ったためである。

伯父稲蔵の長男田中舘愛橘《あいきつ》(一八五六―一九五二年)は、ご存じの方も多いだろうが、世界的な物理学者であった。秀三は、その愛橘の一人娘(そして一人だけの子供)だった美稲の婿養子になったから、以後、田中舘姓を名乗ったのである。つまり、実父の本家へもどった格好になる。秀三は東京帝大地質学科を卒業後、ヨーロッパ留学などをへて、喜田と同じころ東北帝大へ赴任していた。それで、同大学の食堂にいて、喜田の話を耳にしたのである。

秀三が生まれた横丁から北へ一キロ余り、旧市街のはずれに現在、二戸市立歴史民俗資料館(福岡字長嶺)がある。館員二人だけの小ぢんまりしたこの資料館を、わたしが訪ねたのは令和三年十月初旬のことだった。

応対に当たってくれた、三〇代とおぼしき学芸員の女性に、わたしは喜田の文章のあらましを伝え、これに関連して何か参考になりそうなことがないか訊いた。

「その話なら、こちらの本にも載っておりますが」

女性は、そう言って一冊の本をもってきてくれた。

山口弥一郎氏(一九〇二―二〇〇〇年)の『二戸聞書』で、第二次大戦中の昭和十八年(一九四三)に六人社というところから出版されている。

山口氏は現福島県大沼郡会津美里町生まれの民俗学者で、その長年にわたるフィールド・ワークにもとづいた東北地方研究は、この方面ではよく知られた業績である。ただし、山口氏の著述は膨大であり、わたしなども一部には目を通したことがあったが、こんな形で未見の著書に出会うとは想像もしていなかった。

ともあれ、それがだれからの聞書きかといえば、何と田中舘秀三氏の実母下斗米たよさんからなのである。山口は今日、民俗学者とされることが多いが、もとは東北地方の学校教員として地理学を講じており、その縁で東北大学に地理学教室を開設した秀三の知遇を得て、以後、秀三をこの方面の師と仰いでいた。

山口は、やがて柳田國男の民俗学へも関心を抱くようになり、ひと昔前の東北の暮らしを記録する作業に力を入れはじめる。

「山口君、そういうことなら、わたしの母にも会ってみたらどうだ」

山口が、秀三からそう言われたのは昭和十四年(一九三九)の冬の初めであった。山口にとって、それは願ってもない言葉だった。

同年の十二月下旬、山口は秀三の生家であり、そのころたよさんが暮らしていた福岡・横丁の家で数日間にわたり、彼女から聞取りをしたのである。

たよは幕末の嘉永二年（一八四九）の生まれで、このとき数えの九一歳であった。彼女は、これから一年半たらずのちの昭和十六年（一九四一）四月に死去されている。

3　下斗米《しもとまい》たよさんが語った二戸のアイヌたち

『二戸聞書』のアイヌに言及した部分は「第十四　アイヌ」と題され、わずか四ページほどにすぎない。以下に、そのほぼ全文を引用させていただくことにする。

晩年の下斗米たよさん。田中舘秀三氏の実母になる。

「六十二（小節の番号＝引用者）、石切所のアイヌ

石切所にアイノと言ふきかない（強い＝原注）男がゐた。その顔は何時《いつ》か東京でみた真当のアイヌと酷似してゐた。松本茂吉と言ひ、茂吉の母を田中舘家で、私の夫与八郎（既述のように、田中舘家の生まれである＝引用者）の子守に傭つた事があり、茂吉の次女おこまを秀三の子守に二、三年傭つてゐたので、よく宅へ出入した。長男作之亟《さくのじょう》はかまどを返して何処《どこ》へか行き、長女のそでは上里《うわざと》へ、おこまは大淵へ嫁に行つてゐる。

当時は村の人総べてが茂吉をアイノと呼んでゐた。然しアイノとは必ずしも茂吉のみを言ふのではなく、石切所附近では、子供が親父を呼ぶ

のにも用ひ、妻が夫のことを『家《うち》のアイノが……』とよぶ。又村の人々が他家を訪ねた場合にも『主人がゐるか』といふことを『アイノがゐるか』等親しみを表はす言葉ともなつてゐる。就中《なかんずく》茂吉は顔全部に鬚が生え、頑丈な顔をしてゐたので、皆アイノと言ひ、真当のアイヌと思つてゐた。（秀三氏附記―何時か私はこのアイノと一緒に山道を通つてゐたことがある。前に馬車をひいて通る二十三、四の若者がゐた。アイノは『道を開けろ』と命じたが、若者はぐづ〳〵してゐた。アイノは偉い権幕でどなつた。若者は小さくなつて逃げ出した。その時のアイノの顔は物凄く、後年北海道アイヌを思ひ合したことであつた。）

このアイヌの祖松之亟《まつのじよう》は安永六年（一七七七）生れで、浜の方の鳥海村小友《おとも》より晴山へ来住したものであると言ふ。」

ここで少し注釈を加えておくと、「アイヌ」はアイヌ語で「人間」を意味するが、この言葉は和人の耳には「アイノ」とも聞こえたらしく、ちょっと古い文字資料では、しばしば「アイノ」とも書かれている。つまり、二つは別語ではなく、単に表記が違っているにすぎない。いいかえれば、当時、石切所村あたりではアイヌ（アイノ）を男性の敬称のように使っていたのであろう。

また、文中に見える「鳥海村小友」は二戸市の南隣、二戸郡一戸町小友《おとも》に当たるが、ここは一戸駅の南西五キロばかりの内陸部に位置しており、「浜の方」ではない。どうも、現岩手県下閉伊《しもへい》郡岩泉町の小本《おもと》と混同した可能性があるように思われる。

なお、そのほかの地名については、のちに改めて取上げることにしたい。

「六十三、アイヌの裁判

下閉伊郡安家《あっか》村（現岩泉町安家＝引用者）でまたぎ（猟師のこと＝原注）の殺人事件があり、福岡裁判所で調べた事がある。それはアイヌの親子であつたと言ふ。（秀三氏附記―明治二十八、九年頃だつたと思ふ。福岡の小学校に居た時『アイヌの裁判』があるからといつて福岡の裁判所に傍聴に行つたことがある。何んでも当時北海道に住んで居るアイヌが九戸郡に夏の間猟に来てゐた。そして鹿を打つのに、父と子と挟《はさみ》打ちをしようと言ふことになつた。子の方では暗がりに黒い物が向ふから来るので鹿と思ひ込んで銃を打つた。そして過つて父を殺したのだと言ふのであつた。何んでも一円の罰金で済んだと記憶してゐる。私の幼時故《ゆえ》判然しないが、話は父は兄の誤りだと言ふ人もゐるが、兎《と》も角《かく》九戸在住のアイヌは北海道へ移住し、それが明治の中頃猟期だけ九戸に戻つて来て猟をして居たことはわかる。何《いず》れにしてもその頃までは北海道とのアイヌの来往が頻繁だつたことを物語るのである。）」

たよさん自身の話は、右の六十二、六十三のうち、秀三氏の「附記」を除く部分だけで、そんなに多くはない。このあと、さらに「秀三氏附記」がつづくが、それに移る前にいくらかの補足をしておきたい。

秀三は明治三十年（一八九七）四月、郷里の福岡をあとにして盛岡市の盛岡中学校へ入学している。満の一二歳であった。秀三の記憶によれば、裁判の傍聴は、その前年か前々年だったことになる。喜田貞吉は、これを「明治二十五、六年ころであったと推定せられる」としているが、そうだとしたら秀三は七歳か八歳くらいであり、教師が公判の見学に連れていくには幼すぎるような気がする。秀三が傍聴のことをかなりはっきりおぼえていることから考えても、附記の述べるように明治二十八年か二十九年が実際に近いのではないか。

それはともかく、残念なのは『三戸聞書』に、喜田の文章にあった「被害者が被告の通弁をした」のくだりに当たる話が見えない点である。たよさんは、安家村で起きたのは「殺人事件」だったと述べている。そうだったとすれば、一方は死んでいるのだから通弁うんぬんは問題にならない。

しかし秀三の記憶では、たしかにそのような場面があったのではないか。だからこそ、東北帝大の食堂で喜田にそう語ったに違いない。あるいは、事件は過失致死ではなく、過失傷害だった可能性もある。人を死なせて罰金一円は、いかに過失罪とはいえ軽すぎる。さらに、致死だったとしても、被告が日本語が話せず、周辺のだれかが通訳に当たったことも考えられる。

いずれであれ、被告が通訳を必要としたことに間違いがないとすると、彼がアイヌ人だったことを裏付けているといえる。すなわち、「真当のアイヌ」が明治時代になっても東北地方にいた確実な証拠の一つになる。

4　田中舘秀三氏の「附記」

右につづく「六十四、アイヌ村」には、たよさん自身の話はなく、もっぱら三男秀三氏の記憶と推測および親類男性の思い出からなっている。

「(秀三氏附記—母からきいた、その若い時の歌に、「アイノ村の弥三郎はオビラキ村より嫁もらつた。見たりきいたりもらつたども、使つて見たら役にたゝない。この弥三郎は」と言ふのがある。これは七、八十年前の歌のやうである。

当時アイノ村は別にあつたと思はれる。そして内地人と雑婚したが、やはり折合がよくつかぬのを述べたのであらう。

私共の親戚に当る元鹿児島高等農林学校教授の川島明八氏は明治八年生れであるが、「幼少の時ある村は他と結婚せぬのを知つて居る。それは恐らくアイノ村であつたらう。それで他の内地人は忌みきらつて結婚しなかつたであらう。」と語られたが、七、八十年前まで恐らく福岡辺にアイノ村はあり、内地人の村と餘り交際なく存在したことを意味するのであらう。)」(このあとに本筋と関係がうすい記述が少しあるが、省略させていただく＝引用者)

前半の、たよさんが若いころに聞いたという歌は、これだけでは意味が取りにくい。ただ、それを解釈する際の助けになりそうな歌が前記『喜田貞吉著作集9　蝦夷の研究』の四二九ページに出ている。そこには次のようにある。

「津軽の出身で、前北海道史編纂主任竹内運平君の余輩に語るところによるに、同君の父君のまだ若かったころの津軽地方で流行した数え歌に、

一ツエー、木造新田《きづくりしんでん》のアイノ村、村のはづれコの弥三郎ァ家《え》。

というのがあったという。アイノ村、今相野と書く。けだし隣人よりアイノの村として呼ばれた名であろう。木造地方にもかつてアイノの残存が認められたのだ」

右の「相野」とは、現在の青森県つがる市森田町上相野、下相野のことである。喜田は、この地名の由来をアイノ人(アイヌ人)が居住していたためと考えていたことになる。これから追い

おい紹介していくように、とくに青森県には江戸時代から明治時代ごろにかけて、アイヌ人が暮らしていたことを示す確実な証拠が少なくない。相野もその一つであった可能性は十分にあると思うが、ここの場合は確証はないのではないか。

それはともかく、たよさんの記憶にある歌と、この数え歌とは同じもののようである。「アイノ村の弥三郎」の文句が共通しているし、前者に見える「オビラキ村」は現在の青森県弘前市大開（おおびらき）を指しているらしいからである。相野と大開は二五キロほどしか離れていない。

この推測に間違いがないとして二つの歌を合わせると、その意味は「アイノ村のはずれに住んでいた弥三郎は、大開村から（和人の）嫁をもらった。だけど、弥三郎というのは役立たずで（二人はうまくいかなかった）」とでもなるのではないか。ただし、これは「相野」と「アイノ（アイヌ人）」が結びつくとしたうえでの解釈で、実際の「弥三郎節」は一般に「嫁いびり」を歌ったものだとされている。

竹内運平氏は、北海道や東北地方の歴史に通じていた研究者で、『青森県通史』や『北海道史要』など少なくとも一〇点近い著書を残している。明治十四年（一八八一）の生まれだというが、その父親の生年はわたしにはわからない。仮に一八五〇年だとすると、下斗米たよさん（一八四九年生まれ）とほぼ同じ年齢になる。二人の若いころといえば、おおよそのところで幕末（明治元年は一八六八年）から明治の初期と考えて大過あるまい。

そのころ「アイノ村の弥三郎」の歌が、青森県の津軽平野や岩手県の二戸地方でうたわれていたのである。歌詞から考えて、発祥は津軽の方であったろう。それが二戸まで伝わっていたのだと思われる。何ということもない歌が隣県にまで広がっていた背景には、「アイノと内地人の雑婚」が、しばしば見られたという事情があったのではないか。

一方で、「六十四、アイヌ村」の後半、川島明八氏の話は、なお「内地人は忌みきらつて（アイノとは）結婚しなかつた」場合も少なくなかったことを示している。川島氏の「幼少の時」といえば、氏の生年は明治八年（一八七五）だから同二十年前後となるだろう。その当時、「福岡辺にアイノ村はあり、内地人の村と餘り交際なく存在」していたのである。

たよさんも息子の秀三氏も、その親類の川島明八氏も、「福岡辺のアイノ村」がどこにあったのか正確に知っていたろう。田中舘家では、彼らが「真当のアイヌ」だと考えていた松本茂吉の母と娘を子守に雇っていたことがある。アイヌ村がどこか気づかないことなど、あり得ないといって過言ではない。

のみならず『二戸聞書』の著者、山口弥一郎氏もたよさんや秀三氏から耳にしていたに違いない。そもそも、同書をやや注意深く読めば、だれにでもわかることだからである。

それでも、川島氏の話や秀三氏の推測が妙に奥歯に物が挟まったような表現になっているのは、「他の内地人は忌みきらつて」の一節が示している差別の問題に深くかかわっていたからだと思われる。すなわち、率直に語り、記すことをはばかったのである。それが昭和十四年ごろの地域の空気だったといえる。

しかし、今日、そのような配慮は必要あるまい。コタン（アイヌ人の集落）がどこにあったのか隠さなければならない理由など、ないはずだからである。

5　二戸市石切所《いしきりどころ》のこと

『二戸聞書』に出てくる「福岡辺のアイノ村」は、現在の二戸市石切所のうち、馬淵《まべち》（ベチはアイヌ語で川を意味する「ペッ」の日本語化）川の左岸（西岸）にあった。なぜ、そういえるのかを記す前に、石切所についてひととおりの説明をしておく方が理解の助けになると思う。

江戸時代後期の二戸郡石切所村は、本村と三つの枝村からなっていた。享和三年（一八〇三）成立の『盛岡藩郷村仮名付《かなつけ》帳』によると、同年の家数は、

・本村　一二二　上里　三〇　奥山　一四　野新田　三

の合わせて一六九と記録されている。

石切所村は明治二十二年（一八八九）、隣接する福岡村のうちの一部（穴牛《あなうし》と村松）と合併、新石切所村として発足した。これが現在の二戸市石切所となっている。いま本書で取上げようとしているのは、旧石切所村に当たる地域すなわち馬淵川の西岸である。

ここには諏訪前、横長根、内山などといった小字が何十もあるが、今日すでにほとんど使われていない。代わって日常的に用いられているのは、地内を五つに分けた通称地名である。その名と位置は、おおよそ次のようになる。

・枋《こぶ》ノ木　東北新幹線といわて銀河鉄道の二戸駅の周辺。旧石切所の中では、もっとも市街化が進んでいる。

・大村　枋ノ木の北側で、国道4号のバイパス西側山腹に、糠部《ぬかのぶ》三十三観音の一つ朝日観音堂

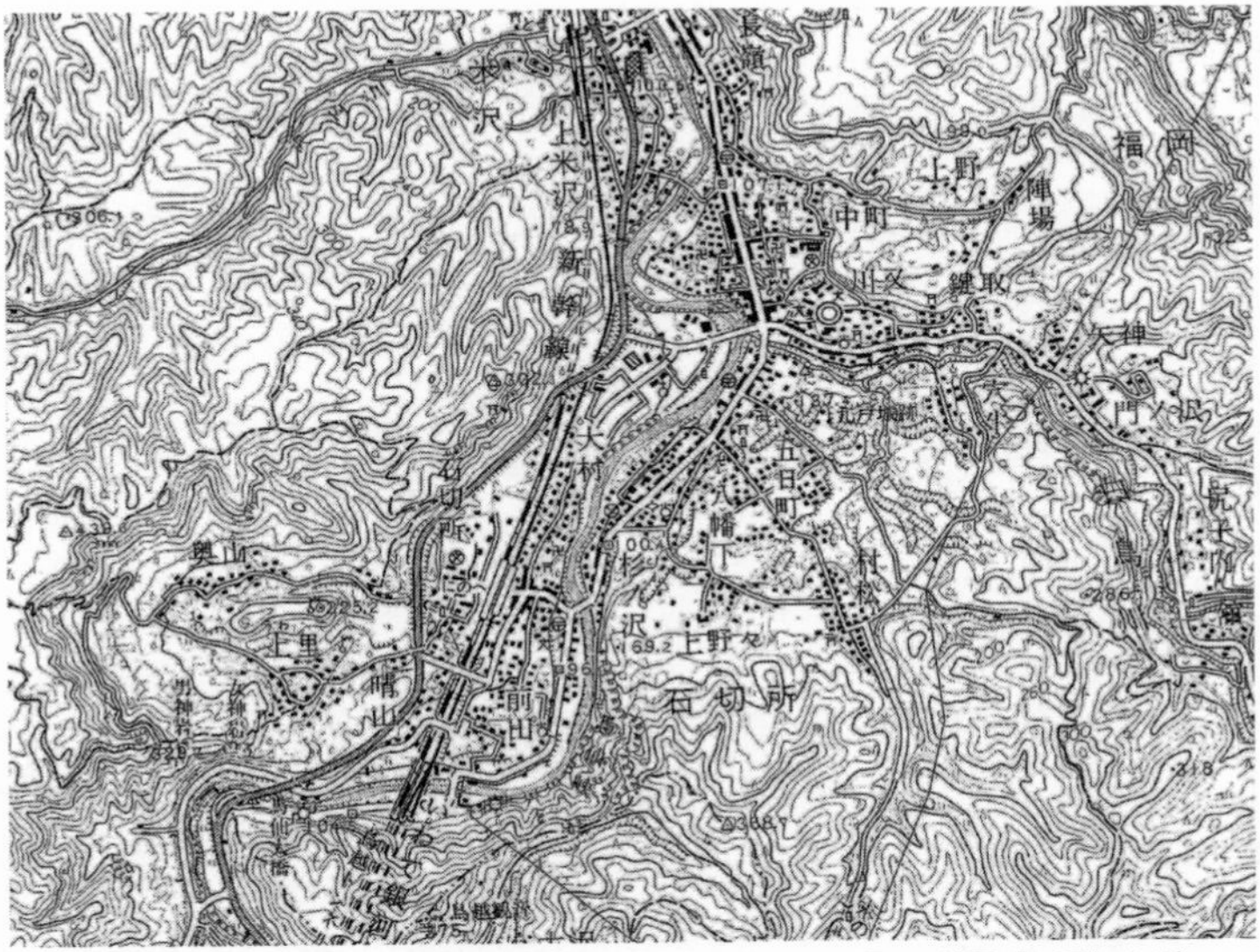

岩手県二戸市石切所周辺の地形図（国土地理院発行の５万分の１地図「一戸」より）

がある。

・晴山　枋ノ木の南側で、石切所でいちばん大きな深山《しんざん》神社がある。以上の三地域が江戸期の本村になる。

・上里《うわざと》　本村に当たる右三つは、おおむね馬淵川沿いの平坦な河岸段丘上に位置しているが、ここはその西方の山地にある。

・奥山　上里の北方にあって、地形的にはほとんど違いがない。ともに江戸期には枝村とされていた。なお、野新田はここから西へ山を越した深い山中の地名である。

以上、旧石切所についてざっと説明したところで、下斗米たよさんの話にもどりたい。そこには次のようにあった。

・みなが「真当のアイノ」と思っていた松本茂吉の祖先の松之亟は安永六年

（一七七七）の生まれで、現二戸郡一戸町小友（既述のように岩泉町小本の可能性もある）から晴山へ来住している。

•下斗米（田中舘）秀三の子守をしていた茂吉の二女おこまは大淵（晴山の中に含まれる）へ嫁に行った。

•茂吉の長女そでは上里へ嫁に行った。

おこまは、明治十七年（一八八四）生まれの秀三の子守をしていたのだから、当然、秀三より何歳かは年長であった。明治十年ごろの生まれと考えて、大過あるまい。その結婚が同二十五年から三十年ごろであったとすれば、アイヌ村は「内地人の村と餘り交際なく存在」している時代であったろう。そうだとすれば、おこまや姉のそでの夫となった男性はアイヌ人であった可能性が高い。そうして、彼らは上里や大淵に住んでいた。

この事実によって、田中舘家の人びとや、その親類の川島明八氏が言う「アイノ村」がどこにあったのか明らかだとして過言ではないと思う。

なお、「石切所」という、ちょっと変わった地名の由来は、はっきりしている。奥山の集落の北方山中に、江戸時代か、それ以前から石切場があり、それによって付いたのである。ここは安山岩の石山で、江戸時代から明治時代ごろにかけては主に石臼を生産していたが、石臼の需要がほぼなくなった第二次大戦後は、石垣用に採掘をつづけていた。しかし、昭和が終わるころに放置され、かつてトラックが往来していた道も現在では歩くのも難儀するほど荒れはてている。

石切場の三〇〇メートルほど東、長福寺横長根墓地のすぐ西側に上里遺跡がある。ここは縄文時代早期から晩期、さらに平安時代、鎌倉・室町時代ごろにかけての複合遺跡で、縄文時代前期の家族だと推定される人骨七体も発見されている。つまり、一万年くらいも前から、ほぼ一貫して、この山腹には人間が住みつづけていたのである。

6　男神《おがみ》岩の麓にて

上里集落の中心部から南西へ六〇〇メートルばかりに、男神岩、女神岩と呼ばれる二つの巨大な岩壁が、馬淵川を見下ろすようにしてそそり立っている。その頂は川面から、それぞれ一八〇メートル、一六〇メートルくらい、ともにほとんど垂直の壁だけでも高さ六〇―七〇メートルほどもあるらしい。

とくに男神岩の壮観は、ちょっと比類がないといってよいだろう。この後方の山腹に展望台が設けられており、そこから男神岩を眺めることができる（女神岩は見えにくい）が、その安山岩の岩塊は超高層ビルの屋上と屋上に渡された狭い橋のような感じである。むろん欄干は付いていない。そこをはいながら先端を目指す人もたまにいるそうだが、わたしは遠望しているだけで足がすくんでしまった。これを馬淵川沿いから見上げると、天に頭がとどくほど巨大なライオンの石像に似ている。

令和三年十月上旬、『二戸聞書』の該当部分に目を通したあと、わたしは当然のように上里方面を目指した。途中で矢印の付いた「至《いたる》　男神岩・女神岩展望台」の標識を見つけ、その方向に進んでいった。このときには、まだ両岩については何の知識もなかった。そもそもが初めて耳にする名であった。ただ地図で、そこへの道が上里を通ることがわかっていたので、標識にしたがっていくことにしたのである。

晴山を過ぎ、上里へ入った。これより前に訪れた大淵（晴山のうちだが）を含めて、どの集落にも外観上は、かつてのコタンを思わす、どんな特徴もないように感じた。田中舘秀三が福岡の小学校へ通っていた明治の半ばからでも、すでに百数十年を経過しているうえ、その後の住民の入れ替わりもあったはずだから、それがむしろ当たり前である。

上里の北のはずれで、ともに電動車椅子に座って、話をしている二人の老婦人を見かけた。

「男神岩へ行くには、この道でいいんでしょうか」

わたしは車から降りて二人に声をかけた。道を確かめるというより、上里についてどんな些細なことでもいいから教えてもらいたかったのである。

「そう、このまま真っすぐ登っていったら、展望台へ着きますよ」

二人が口をそろえて答えてくれた。

「男神岩ってアイヌの神様だったんですか」

わたしは、神の名を付けて呼ばれている岩と、この村との距離の近さから考えて、あるいは、そういう伝承がかすかにでも残っているのではないかと思いながら訊いた。

「そうですよ。あれはね、アイヌの神様ですよ」

一人が打てばひびくといった感じの、はっきりした口調で答えた。

「そうそう、アイヌの神様なんですよ」

展望台から見下ろした男神岩

もう一人も即座に同じ言葉を繰り返した。

二人の言い方は、わたしが予想もしていなかったほど明瞭であった。それは、もう消えかけている古くさい言い伝えではなく、少なくとも一定以上の年齢の住民には、いま現在の感覚であり、意識であるように思われた。

二人目の女性は、このあとすぐ車椅子で、その場を離れていった。何かの用事の途中だったらしい。

「何年か前に、あそこから人が落ちて死んだんです」

のちに昭和十年（一九三五）生まれだと教えてくれた、もう一人の女性が言った。

「自殺ですか」

「いいえ、どうもそうじゃなくって、足を踏みはずしたみたいでしたよ。夜中に警察や消防が来てサーチライトで照らしていましたねえ。あそこは途中で、とっても狭くなっていますからね」

男神岩へ行ってくると言って家を出たきり、いつまでも帰ってこない人がいて、暗くなってから岩のまわりで捜索が始まったということのようであった。わたしは、このときはまだ岩を見る前だったので、どんなところから、どんな風に転落したのか想像できなかった。

この女性は、そのあと問わず語りに自分や家族のことなどを話してくれた（実際には方言が少しまじっていたが、共通語に近い形にして記したい）。

「わたしは米沢《まいさわ》（二戸市米沢。石切所の北隣になる）で生まれて、まだ未成年のときここへ嫁に来ました。上里はいまは八〇戸くらいですが、そのころ（昭和二十年代の末）は六〇戸ちょっとでしたよ。実家の母の父は鬚がとても濃くてアイヌ人のような顔の人でしたねえ」

「夫は石工《いしく》でした。わたしの父も石工で、二人は前から知り合いだったんです。それで、あの男なら間違いないと言って、父がわたしたちの結婚を決めたんですよ。夫は、とても腕がよかったから、よく呼ばれてあちこちへ出かけていました。和歌山の高野山へ行って石垣を積んだこともあります。働き者で、一生懸命はたらいて、わたしたち家族に楽をさせてくれたんですよ」

「いまも仕事をされていますか」

「いいえ、それが今年、亡くなってしまって……」

馬淵川沿いから見上げた男神岩

女性は、ふいに涙ぐんだ。葬式をすませてまだ何ヵ月もたっていないようだった。

7 「アイヌによく似た男がいただけ」なのか

喜田貞吉『蝦夷の研究』や山口弥一郎『二戸聞書』を読んで、わたしなどは石切所にコタンがあったことは疑いあるまいと考えていた。ところが、その後これを一蹴する見方もあることを知った。

その一つに、相馬福太郎氏（一九三〇—二〇一六年）の『石切所のこと』（二〇〇七年、私家版）がある。相馬氏は二戸市福岡の生まれで、下斗米小学校の校長や二戸市歴史民俗資料館の館長などを務めた郷土史家であった。地元で長く研究をつづけてこられた方なので、その意見は丁寧にほぐしてみる必要がある。同書の二〇九ページには次のように見えている。

「山口弥一郎氏が福岡の下斗米たよさんから聞いたことを『二戸聞書』としてまとめた書がある。その中に『石切所のアイヌ』という項がある。それには、石切所にいつか東京でみたアイヌとよく似た男がいたというだけのことである。当時は村の人みんながその男をアイノと呼んでいた。しかし、アイノとはその男だけを呼ぶのではなく、また、石切所村だけでなく福岡付近ではどの家でも長男が若者になり、結婚でもすれば、特にアイノ（エァンナ）と呼ばれた。敬称をつけて『エァンナさん』と呼ぶこともあった。この『二戸聞書』を読んで『昔石切所にアイヌがいた』という人がいるが、『エァンナ』は若旦那のことと考えていいと思う。関東、関西からの旅行者の中には『石切所のアイヌ』と堀野の『アイヌ壇』について調べたいという人も時々見かける。このどちらもアイヌとは関係はない」

相馬氏は、石切所にアイヌがいたなどという話は取るに足りない僻説だと一刀両断していることになる。これに対して、その「アイヌとよく似た男」を、みなが「真当のアイヌと思つてゐた」ではないかと、結局は水掛け論にしかならない反論をしてみても仕方がない。相馬氏の記すとおり、たしかに『二戸聞書』にはコタンの存在を示す決定的な証拠は書かれていないといえる。この問題は、もっと多角的な視点から取上げてみなければならない。それには多くの紙数を必要とするので、このすぐあとに一章をもうけて卑見を述べることにしたい。

その前に、『石切所のこと』に出てくる堀野の「アイヌ壇」について簡単に触れておこう。『二戸聞書』の「第十四　アイヌ」の最後は「六十五（小節の番号）、アイヌ壇」となっている。次は、その全文である。

「爾薩体《にさつたい》村堀野の北にアイヌ壇といふのがある。道路開鑿《かいさく》の際沢山《たくさん》の土器と、十二人分の骨と、大きい甕《かめ》に入れた三人分の首と髑《どく》が出た。それで之を再び埋葬し、近頃アイヌ壇と名づけた。その骨も実際アイヌのものかどうかわからないが、爾薩体といふ名は古い記録にも出てゐるので、アイヌの酋長が南方より追はれて来て、追いつめられて、此処《ここ》で遂に首を切られた等と説明が加へられて居る」

二戸市堀野は福岡の北隣に位置して、そこの字大谷地《おおやち》三一番地にアイヌ壇はある。ただし、民家の植込みのようなところに卵塔型の大きくはない石碑が立つだけで、何かをしのべるよすがは残っていない。

多数の人骨や、甌に入っていた三人分の髑髏《どくろ》など、いかにも伝説を生みそうな遺跡であり、実際、史実と結びつけたお話も語られているようだが、それらには何の根拠もない。とにかく、正式の発掘調査は行われていないのだから、いつごろの遺跡なのかも不明である。「アイヌ壇」の名も、『二戸聞書』が述べているように、昭和十四年からみて「近頃」付けられたもので、人骨が「アイヌのものかどうかもわからない」のである。

要するに、相馬福太郎氏の指摘のとおり、現状では「アイヌとは関係はない」としておくほかあるまい。

【コラム】① 「民族」について

「民族」は、まことにやっかいな言葉であり、概念である。各種の事典や専門書などに定義が述べられているが、それぞれが微妙に、あるいはかなり大きく異なっていることが多い。それだけ、つかみどころがないということなのであろう。

民族について独自の定義ができる知識は、わたしにはない。それで、一つの具体的な話をしてみたい。

中央アジアにウズベキスタンという国がある。かつてはソビエト連邦内の一共和国を構成していた。主要な民族はウズベク人、その言語はトルコ系のウズベク語である。

ウズベク人の成立は、そんなに古くはない。モンゴル人のチンギス・ハン（ジンギス汗《カン》、一一六七―一二二七年）が一三世紀にユーラシア大陸の中部に建設した大帝国は、その死後、キプチャク、オゴタイ、チャガタイ、イルの四つの汗国《カンこく》に分裂する。支配層は、いずれもモンゴル人であった。

このうち、カスピ海の北方に勢力をほこっていたキプチャク汗国は一四世紀の後半に分裂し、その一族のシャイバン家は、東側のアラル海北方に新しい王朝を興した。この遊牧民の集団がウズベク族と呼ばれるようになったのだが、名前の由来ははっきりしないらしい。

こう書くと、ウズベク人の祖先はモンゴル人ということになりそうだが、話はそれほど簡単ではない。彼らは誕生の当初から、すでにトルコ系の言語を母語とし、イスラム教を信仰していたからである。シャイバン朝のウズベク族は、おそらく支配階級はモンゴル人で、その人たちが土着のトルコ語族と混血していたのではないか。

といって、現在のウズベク人をただちにモンゴル人とトルコ人の子孫だと考えることにも問題がある。モンゴル人もトルコ人も、もともとはモンゴロイド（モンゴル人種。モンゴル人のことではない。日本人も中国人も、この中に入る）なのに、ウズベク人の中にはユーロポイド（ヨーロッパ人種）の特徴をもつ人もたくさんいるからだ。つまり、ウズベク人は発生時からトルコ系の言語を話しているが、人種的には多数の民族の混血でき上がっているのである。

そうして、時代の推移にともない、その構成が少しずつ、ときに急速に変化してきたと思われる。そうなると、ウズベク人といっても、そのときどきで集団としての中身が同じとはかぎらないことになる。要するに、民族は一度でき上がったら滅びるまでそのまままつづくといった性格のものではない。

同じことが、アイヌ人についても、いわゆる和人（取りあえず、ここではアイヌ以外の日本人としておく）についてもいえる。話を複雑にしないため、以下ではアイヌ人のみを取上げることにしたい。

今日、アイヌ語を勉強している人はいても、それを母語としている人は皆無であろう。しかし、例えば幕末や明治の初めごろには、いくらでもいた。その正確な数は不明ながら、北海道とその周辺（樺太や千島列島）に合わせて二万数千人ほどだったようである。

彼らは外観とくに容貌の点で、和人とはいちじるしく違っていた。男性の体毛が非常に濃かったことは特徴の一つであり、顔は男女とも彫りが深く、東アジア人よりヨーロッパ人に近かった。そのためユーロポイドに属すると信じていた者が、ヨーロッパ人にも和人にも少なくなかった。わが国のアイヌ語学の草分けである金田一京助氏（一八八二―一九七一年）なども、その一人であった。

明治11年（1878）、イギリス人旅行家のイザベラ・バードが北海道でスケッチしたアイヌ人男性。バード著『日本奥地紀行』（平凡社版）より。

そのころのアイヌ人は、文化の面でも和人とは大いに異なっていた。ほぼ完全な狩猟・採集民族で、だからそれにともなう独自の風習を色濃く保っていたのである。また、女性が口のまわりに刺青《いれずみ》をした当時の写真がたくさん残っていることも、よく知られているのではないか。すなわち、北海道には和人と全く別種の民族が存在していた。これに異論をとなえる者は、まずいないであろう。

ところが、その言語はすでに死語化し、文化は失われてしまったといって過言ではあるまい。むろん、その保護活動は、いろんな形で行われている。しかし、生まれたときからアイヌ語を使い、かつての文化、例えば口のまわりに刺青を入れたりする人は、もういなくなったはずである。

それでは、アイヌ人は滅んでしまったのだろうか。決して、そんなことはない。人からもそう言われ、自らもそう自覚しているアイヌ人は、なお少なからず存在する。おおかたは、この一世紀半ばかりのあいだに和人と混血して、かつての身体的特徴をうすくしているうえ、ほぼ全員がアイヌ語を母語とせず、元来の風習を維持していなくても、依然、アイヌ人だと考えられ、考えているのである。

それを「純粋ではない」とか「本物ではない」と指摘するのは当たらない。民族とは結局、その人の帰属意識を基準にするほかないからである。

第二章　その人びとは本当にアイヌであったか

1　アイヌ出自のアイヌ語学者、知里真志保《ちりましほ》

本章の冒頭で、まず知里真志保氏（一九〇九―六一年）のことを取上げるのは、その学問的業績や人となりを紹介しようというのではない。知里氏は、おそらくもっとも著名なアイヌ人の一人であり、本人と家族のこと、数代前までの先祖のことがかなり詳しく知られており、アイヌとは何かを考えるうえで、またとない人物だと思われるからである。なお、以下の記述のほとんどは、藤本英夫氏のすぐれた評伝『知里真志保の生涯』（一九八二年、新潮社）によっている。

知里氏は明治四十二年（一九〇九）二月二十四日、現在の北海道登別《のぼりべつ》市登別本町で生まれた。そこは北海道の南西部に位置し、ＪＲ室蘭線登別駅のすぐ北西になる。海（太平洋）まで一キロくらいしかない。一帯は現在、何の変哲もない住宅地になっている。

知里氏の少年時代すなわち大正時代の半ばごろ、この辺はすでに和人の人口の方がアイヌのそれよりだいぶん多かったようである。

知里家では、もうアイヌ語は日常的には使っていなかった。父の高吉《たかきち》（通例一八八四年生まれとされている）も、母のナミ（同じく一八七九年生まれとされる）もアイヌ語を話せたが、一つには新時代に適合するためであろう、言葉のみならず生活全体が非アイヌ的であったらしい。家の造りも、ほかのアイヌたちと違って純和風であったという。そのため、のちに大アイヌ語学者になる真志保も、ほとんど母語を知らずに成長したのだった。

ただし、六歳年長の姉幸恵《ゆきえ》は、旭川で伯母（母ナミの姉）の金成《かんなり》マツとともに暮らしていた時期があり、そのときはもっぱらアイヌ語で会話をしていた。マツは日本語もできたが、アイヌ語の方がよりしっくりきたということではないか。彼女は明治八年（一八七五）の生まれであった。

わが国で初めて、アイヌ語の学問的研究に手を付けた金田一京助氏は大正七年（一九一八）夏、現旭川市近文《ちかぶみ》町にマツの母モナシノウクを訪ねた折り、二人に幸恵をまじえた三人のアイヌ人女性と夜遅くまで話がはずんで、彼女らはとうとう、

「泊まっていらっしゃいませ」

と金田一に言った。ところが、金成家には翌朝、遠来の大学の先生（東京帝大の講師だった）に食べさせるようなものがなかった。三人は、

「どうしよう」「明日、何を差し上げる」

などと、アイヌ語で相談を始めた。金田一がアイヌ語を理解できないと思っていたのである。

金田一は、

「いや、ご心配はいりません。どうかジャガイモでもゆでて下さい」

と答える。そのとき初めて、女性たちは金田一がアイヌ語がわかることを知ったのだった。

このエピソードは、大正時代半ばでもアイヌ語がまだ日常語として生きていたことを示している。そうして、その話者たちは日本語にも不自由しなかったのである。おそらく、明治の初めから少なくともこの当時まで、二重言語者（バイリンガル）のアイヌ人が多数いたということではないか。

真志保の祖父は知里波ヱ登《はえと》といい、嘉永四年（一八五一）の生まれであった。この姓名は、アイヌ語のチリパ・ハエプトを和風に変えたものである。また、金成マツの性は、その宗家のカンナアリキが維新後、金成喜蔵《きぞう》を名乗ったことによっている。マツの父恵利雄《えりお》は、アイヌ名をハエリリといった。

これらの例は、明治の新時代を迎えて日本政府から和人化を強制されたアイヌ人が、その姓名を和風に変更する際、アイヌ名をもとにすることが少なくなかったことをものがたっているのであろう。これは、今日の東北地方北部で、周囲からアイヌ人とみられ、ときに自らもアイヌ人と自認している人びとが、しばしばきわめて珍しい姓をもつことと符合しているように思われる。

満50歳当時の知里真志保氏。藤本英夫『知里真志保の生涯』（新潮社）より。

知里波ヱ登の母すなわち真志保の曾祖母は、チヨマップといった。その生没年は、わたしにはわからないが、波ヱ登の生年から考えて一九世紀前半の出生に間違いあるまい。金田一によると、この女性と「南部藩の侍」とのあいだの子が波ヱ登だという。そうだとすると、真志保の曾祖父は和人だったことになる。

幕末のころ、南下するロシアへの警戒から、幕府は東北諸藩にエゾ地の警備に当たらせていた。盛岡に藩庁を置く南部藩（盛岡藩の別称）は登別や、その南西側の室蘭、北東側の白老《しらおい》に陣屋を建てて藩士を駐屯させており、彼らの子を産んだといわれるアイヌ女性は、ときどきいたらしい。チヨマップも、金成喜蔵の母も、その例だと伝えられている。

真志保は意識のうえでは完全なアイヌ人だったようだが、家系上は三代前に和人の血をまじえていた可能性が高い。そのせいかどうか、写真を見ても「純粋の」アイヌの容貌とは少し違うような気もする。もし、この人が例えば四国の田舎を歩いていたとしても、だれもアイヌ人とは思わないのではないか。もっとも、頭髪を和風に刈り、鬚をきれいに剃ったうえ、和風の服を着ていれば、たいていのアイヌ人がそう見えるかもしれない。

真志保はアイヌ人だからといって、すでに小学生のころから露骨ないじめを経験している。アイヌ人が住む地域では、やはりそれらしく感じる風貌だったのであろう。とくに体毛が豊かすぎて、そのことを終生、気にしつづけていた。それは姉の幸恵も同じことであり、おそらく多くのアイヌ人に通じることだったのではないか。多毛は外観からアイヌを見分ける、もっともいちじるしい特徴の一つであった。

2　二戸再訪

前回（前章参照）から、ほぼ一年たった令和四年十月下旬、わたしは再び二戸市を訪れた。前の取材が時間不足であまりに不十分だったということもあるが、それまでに東北北部のあちこちで耳にしていた「アイヌ人」は、何をもってそう呼ばれ、ときに自らそう考えていたのかを知りたかったのである。語を替えていえば、近代になっても東北にいたとされる「アイヌ人」は、本当にアイヌとしてよいのかどうか確かめたい気持ちからであった。

案の定、着いたその日に二戸市立図書館で見つけた相馬福太郎氏の『石切所のこと』では、既述のように「アイヌとよく似た男がいたというだけ」とアイヌ人の存在など一蹴されていたのだった。

だが結論から述べておけば、相馬氏の指摘には人を納得させる何らの根拠も示されていない。いや、むしろ氏の著書の中には、二戸なかんずく石切所に少なくとも以前はアイヌ民族が居住していたことを裏付ける複数の事実が記されているのである。

その一つは、

「当時は村の人みんながその男（『二戸聞書』に出てくる松本茂吉のこと＝引用者）をアイノと呼んでいた。しかし、アイノとはその男だけを呼ぶのではなく、また、石切所村だけでなく福岡付近ではどの家でも長男が若者になり、結婚でもすれば、特にアイノ（エァンナ）と呼ばれた。敬称をつけて『エァンナさん』と呼ぶこともあった」

のくだりである。

右の「エァンナ」の表記は、『二戸聞書』には現れない。おそらく福岡生まれの相馬氏自身の体験か、まわりのだれかからの伝聞ではないか。「エァンナ」は方言の音《おん》にこだわりすぎた文字遣いで、これは要するに「アイノ」のことであろう。

つまり、福岡や石切所では、下斗米たよさんが若かった幕末から明治の初めごろはむろん、もっとのちまで「アイノ」というアイヌ語が方言のようにして使われていたことになる。「アイノ（アイヌ）」とは「人、人間」のことだが、二戸では男子の敬称ないし親しみを込めた呼び方になっていたのである。これは、このあたりに遅くまでアイヌ人が住んでいた有力な証拠にほかならない。

といえば、そんなことが本当にあり得るのかと首をかしげる方も少なくあるまい。もっともな疑問だと思う。東北地方でも近いころまでアイヌ語が方言として残っていたとは、わたし自身もずっと信じられなかったほどである。

しかし、そういうことは、たしかにあった。そう考えるほかない事実を、これから追いおい紹介していくつもりだが、いまはその例を二つばかり挙げるだけにしておきたい。

動物作家で、第二次大戦後における代表的なマタギ研究者の一人だった戸川幸夫氏は、『マタギ』（一九六二年、新潮社）の中で、猫を意味する「チャベ」の語が「現在もこの地方（現秋田県北秋田市阿仁《あに》＝引用者）で使われている」と書いている。『萱野《かやの》茂のアイヌ語辞典』には「チャペ　猫」と見えるが、アイヌ語ではぺもべも同じである。

なお、マタギとは東北地方の一部にいた職業猟師のことであり、この集団については、のちに詳述することにしたい。

けた外れの大旅行家であり、わが国で初めての民俗学者といえる菅江真澄《すがえますみ》（一七五四―一八二九年）の『菅江真澄遊覧記』には、享和三年（一八〇三）二月、真澄が現在の秋田県大館市十二所《おおだてじゆうにしよ》を訪れたときの見聞が記されている。

「けふなん塩谷山長興寺《えんこくざん》に、こよひ夜こもりしてけるとて、人さわに群れ行《ゆく》なかに、みめことがらよけなる女のかたらひて行まじりたるを、裘《かわごろも》着たるあら雄《お》等、犬ひきたるが来かゝりたゝすみて、よき女よ、さつたてをほうにして、ね、つふを、けあわせたしといひて、はと、うちわらひて過《すぎ》たり」

右の大意は、

「今日は十二所の長興寺の夜ごもりの日で、それに参加するため多数の人が群れ歩いていく。その中に、見目かたちのよい女が語りつつ行くのに、皮衣を着て犬を連れた荒々しい男たちが来かかって足を止め、いい女だ、サッタテ（男根）を大きくして、ネネツブ（女陰）に交わらせたいものだと言いながら、ハッハと笑ってうち過ぎていった」

とでもなるだろう。

真澄は「さつたてをほうにして」の「ほう」を「保呂《ほろ》」の訛りだとして、「大《だい》なるいひ」だと書き加えている。

アイヌ語で「大きい」はポロといい、それが日本語に取り入れられたときは、原則として「ほろ」となる。その例は、これから挙げていくように、地名などに非常に多く認められる。大館あたりでは、それがウ音便化して「ほう」となっていたと、真澄は述べているのである。真澄は北海道にも滞在したことがあり、ある程度のアイヌ語の知識があった。

ともあれ、右の文章から、当時、大館付近ではアイヌ語に由来する言葉が方言のようにして使われていたことがわかる。真澄については、のちに改めて取上げることにしたい。

3 石切所の「モヤヤマ」

二戸市の石切所に「モヤヤマ」という名の山があることを、わたしが知ったのは相馬福太郎氏の著書によってであった。『石切所のこと』の二二八ページには次のようにある。

「茂谷（モヤ）の山　昭和二三年（一九四八＝引用者）ごろ、モヤの山が『前方後円墳』と騒がれ、石切所中学校や石切所村役場に問い合わせがあった。中には北福岡駅（現在の二戸駅＝引用者）に下車して、案内を頼む人もあったという。この山は、福岡橋場（八幡下）付近（馬淵《まべち》川沿い＝引用者）から見ると、北福岡駅を越して上里《うわざと》、奥山の盆地が見え、その盆地の中頃に『前方後円墳』と言いたいくらい、よく整った山が見える（以下に、この山にまつわる伝説などが紹介されているが、省略させていただく＝引用者）」

この文章を目にしたとき、わたしはハタと膝を打った。

モヤとは疑いもなくアイヌ語であり、そうして「（故郷の）聖なる山」を意味することが確実な言葉だからである（拙著『アイヌ語地名の南限を探る』参照）。それは、この山をはさんで南北に位置する上里と奥山が、かつてアイヌのコタンであったことを裏付ける動かぬ証拠であることを示している。なぜ、そういえるかを説明する前に、右のくだりに多少の補足をしておきたい。

前章の5節に掲げておいた五万分の一図によってもわかるように、上里と奥山が位置する場所は、東側が開けた山中の小盆地といった地形になっている。そうして、二つの集落のあいだに、東西に細長い丘が盛り上がっていることがうかがえる。この地図では、その辺が必ずしもはっきりしないかもしれないが、インターネットでグーグルの航空写真をご覧いただくと、それが明瞭に理解できるはずである。

二戸駅前からモヤ山を望む。こんもりとしたお椀の形に見える。

ここでは数値で記しておくと、丘すなわちモヤヤマの中央部は少しへこんでいて標高は二〇七メートル（以下、いずれも概数）、東のピークは二二五メートル、西のピークが二二八メートル、奥山集落の道路で一六五メートルくらいであろう。つまり、丘はヒョウタンに近い形だといえる。

それを「前方後円墳」ではないかと考えた者がいたようだが、その長径は五〇〇メートルを超し、古墳文化の発達が十分ではなかった東北北部の古墳としては大きすぎる。日本最大とされる大阪府堺市の大仙陵《だいせんりょう》古墳（伝仁徳天皇陵）でさえ、墳長は五二五メートルである。専門家が聞いたら、一笑に付していたに違いない。

モヤヤマは横に細長いにもかかわらず、何ヵ所かの眺望のきく方角から眺めたら、たいていお椀を伏せたように、こんもりと盛り上がって見える。それは『石切所のこと』にある「福岡橋場」からの場合でも同じである。

この丘の名は、わたしが気づいたかぎりでは、どんな地図にも載っていない。住宅地図にさえ出ていないほどである。

しかし近隣の、とくに年配の住民で、その名を知らない人は、まずいない。わたしが声をかけた一〇人ばかりのうち、「知らない」と言ったのは、やや若い（五〇歳くらいか）女性ひとりだけであった。

残りの人びとは、みな丘を「モヤヤマ」と言っていた。どんな字を書くということは、もともとはなかったろう。いつのころからか、口から耳へ、そして耳から口へと伝えられて今日に至ったと思われるからである。

『石切所のこと』に「茂谷《もや》」とあるのは、一つには、だれにでも思いついて、だれでも読める文字だからであろう。もう一つは、ここから南へ五キロたらずの岩手県二戸郡一戸町高善寺に「茂《も》谷《や》」という、一帯ではほとんどの住民が知っている山があり、それにならったのではないか。

一戸町の茂谷は五万図にも見え、もっと粗い地図に出ている場合もある。その山は標高三八三メートル、中華鍋を伏せたような山容だが、注目すべきは「モヤ」だけで山名となっており、ほかの山のように語尾に「山」や「岳」が付かない点である。アイヌ語の「モヤ」も、それ自体で山の意を含んでいる。つまり、これはアイヌ語の語法そのままの名ということになる。

4　アイヌ語地名とみなすには、どんな条件が必要か

日本全国どこの地名だろうと現代アイヌ語で解釈して、これもアイヌ語、あれもアイヌ語だとする論は、二一世紀に入った今日も絶えることなくつづいている。

例を挙げれば、富山県東部の黒部川はアイヌ語で「影の川」を意味する「クル・ペッ」が語源だとする説も、その一つである。「日本で一番狭い谷である黒部峡谷に流れる黒部川には日の光があまり当たらない」、だから語義と実際が合致するというのであろう。その論理の粗雑さもさることながら、クロベの音をもつ地名、川名は各地に珍しくなく、ほとんどに日が十分に当たる事実を、どう説明するのだろうか。

埼玉県所沢市の「所沢」を難解な地名だとして、これをアイヌ語「ト・コロ」（湖を・もつ）の意にとり、「湖のある沢」とした人もいる。しかし、この近くに湖があったことは確認できないだけでなく、所沢、野老山《ところやま》、所谷《ところだに》、所久保などの地名はあちこちにあって、もとはトコロイモが多かった場所に付いた地名だと考えられる。トコロイモはヤマノイモ科に属し、アクはあるが根茎は食料になる。昔の人は、それが群生する土地に注目していたから地名として残ったのである。

高知県南西端の足摺岬は「アシュ・ソ・リ」で、「風が吹きつける裸岩の山」だと解釈した本もある。同岬は、もとは「サタ岬」といい、その意味は不明だが、サタに「蹉跎《さた》」という難しい漢字を当てていた。これを、いつのころからか「あしずり」と訓読みするようにもなり、のちに

文字を「足摺」に変えたのである。したがって、アイヌ語とは何の関係もない。

右のような解釈例は、ひとことでいえば語呂合わせ、こじつけであって、およそ学問、研究とは無縁の代物である。卑見では、北海道以外のある地名がアイヌ語によって付けられたとするためには、以下の四つの条件を満たしていなければならない。

①北海道と本土のそれぞれに同じか、ほぼ同じ地名が数ヵ所以上、存在すること。

②日本語では、まず解釈がつかないこと。

③逆にアイヌ語だと、かなり容易に意味をつかめること。

④そうして、これがもっとも大事な点だが、その地名が付いた場所の地形または地物などの特徴が、先に当てはめてみたアイヌ語の意味に合致すること。

この四つをすべて満たしたとき初めて、その地名はアイヌ語に由来することが確実だと考えるのである。

わたしは既刊の拙著『アイヌ語地名と日本列島人が来た道』で、おおむね右の原則にしたがって一三六ヵ所（一三六種類ではない）の地名をえらび、アイヌ語地名の分布は本土では青森、岩手、秋田三県のほぼ全域と、宮城県の北部三分の一ほどにかぎられるという結論に達したことを紹介している。その際、四条件を厳密に適用すると、分析に必要な地名の数が少し足りなくなるので、一部、条件をゆるめた。すなわち、北海道と本土のいずれかに一つか二つしかない場合や、アイヌ語の意味が必ずしも明瞭でない例も含めたのである。

さらに、その後に上梓した『アイヌ語地名の南限を探る』では、先の四条件を完全に満たすだけでなく、その地名が付いた土地の写真または地形図を示せば、見る人にも、「なるほど、これはアイヌ語に由来するな」と納得していただけそうなものにかぎって、対象にする方法をとった。つまり、合理的な疑いを差しはさむ余地はまずあるまいと考えた地名だけをえらび、本土に分布するその地名が付いた場所は気づいたかぎりで全部まわり、写真を撮ったのである。

『アイヌ語地名の南限を探る』で取上げたのは、「モヤ」「タッコ」「オサナイ」の三つであり、その実数は本土分で、それぞれ一二ヵ所、一五ヵ所、一〇ヵ所の合わせて三七ヵ所であった。

三つの地名の語義は、わたしの理解では次のようになる。

・モヤ（もとのアイヌ語ではモイワ）――字義どおりには「小さな聖山」「子である聖山」。実

モヤ（12ヵ所）、タッコ（15ヵ所）、オサナイ（10ヵ所）の分布図。石切所のモヤは、これには含めていない。

際には、かなり大きな聖山も含まれている。この辺については、のちに詳しく触れることにしたい。

- タッコ（同じくタプコプ）——モヤと似た概念の言葉だが、山そのものではなく、「聖山の遥拝所」を指す場合も少なくない。
- オサナイ（同じくオサッナイまたはオサンナイ）——「川尻が乾く川」または「山の尾根が川に向かって突き出したところ」を指すが、オサルナイ（川尻に草原がある川）のこともあるかもしれない。なお、「川尻が乾く川」とは、川の下流部はふだん全く、あるいはほとんど水が流れておらず、川床がむき出しになっている川のことである。

この三七ヵ所を現地調査した結果、三つの地名は間違いなくアイヌ語に由来し、その意味も想定したとおりであることを確かめられた（と思う）。また、アイヌ語地名の分布域に関しても、『アイヌ語地名と日本列島人が来た道』で得た結論が変わることはなかった。

『アイヌ語地名の南限を探る』には、右の三七ヵ所すべての所在地と、その写真（一部は地形図。この方がわかりやすい）および地形、地物の特徴について詳しく記載しておいた。それを、ここに再掲出するのは煩に堪えないので、もし「どうしても」といわれる方がいれば、同書をご覧いただけたらと思う。

ただし、モヤのみは「石切所のアイヌ村」を考えるうえで欠かせない前提になるため、ある程度の重複をいとわずのちに再び取上げることにしたい。

5　山田《やまだ》秀三《ひでぞう》氏の先駆的研究

東北地方の「モヤ」という地名（山名）に初めて着目したのは、わが国のアイヌ語地名の科学的分析法を開拓したといえる山田秀三氏（一八九九—一九九二年）である。

山田氏は、それまで基本的には語呂合わせの域を出ていなかったアイヌ語地名「研究」を、信頼できる学問に高めたアマチュアの研究者（本職は企業経営者）であった。その手法は、ひとことでいえば徹底したフィールド・ワークにもとづいていた。

氏のモヤ取材は、北海道の「モイワ」と名が付く山への関心から始まる。

北海道のところどころにある「モイワ」なる山名は、かつては簡単に「小さい山」と訳されていた。モは小さい、イワは山の意だと考えられていたからである。だが、各地のモイワを見て歩いた結果、どうもそんな単純な話ではなく、モイワにはもっと深い意味があるらしいと気づいたのだった。

山田氏の『東北・アイヌ語地名の研究』（一九九三年、草風館）一二一ページ以下には次のように記されている。

「先ず第一の要点は殆んどが目立つ独立丘であることだった。大小、高低、山形は必ずしも一様ではないが、先ず独立丘である。稀にそうとも思えないモイワがあって、おやと思ったことがあったが、調べると或る方角から眺めると独立丘に見える」

氏は、さらにモイワめぐりをつづけ、

「モイワのような独立丘は、土地のコタンの神様のおられる処《ところ》」であるとの結論に達したのだった。信仰の山だとしたのである。

山田氏は、つづいて観察の範囲を東北地方の「モヤ」に広げていく。モヤをモイワの訛りではないかと推測したのである。そうして、前掲書に、

「(モヤも) 何だかモイワと同じような地形であり、その音もモイワとごく近い。東北地方のモヤは北海道のモイワの続きと見れば何とか説明がつくのではないかと考えたが、ほんとうはまだ自信が持てる処まで行っていない。それで若干の例を並べて同好の方にとにかく見て戴《いただ》きたくなった」

山田秀三氏がスケッチした現北海道古宇（ふるう）郡興志内（おきしない）村茂岩のモイワ（現行の地図では「弁天島」となっている）。『東北・アイヌ語地名の研究』（草風館）より。

と述べている。

山田氏は実は、この本が出版される前年の平成四年（一九九二）に九三歳で他界されており、右のいわば中間報告のような文章が遺稿になってしまったといえる。

山田氏が現地調査したのは、後述の四つのモヤ（青森県二、秋田県二）であった。数としては、そんなに多くはないが、それらの山容から判断して、氏は自らの結論にかなり強い自信をもっていたのではないか。

ただし、山田氏は何ごとによらず非常に慎重な性格であったらしく、その地名研究でも断言をはばかる傾向が強かった。

それが右のくだりのあとの、

「仲間と放談を交わすつもりで、自信がなくとも率直に書いて本稿を綴ったのでありました」

という表現をさせたのだと思われる。

山田氏の研究を知って、わたしは「モヤ」なる山名に興味を抱き、どこに、どれだけ分布しているのか調べはじめた。その結果、『アイヌ語地名の南限を探る』を出版した令和二年までに、本土（ここでは北海道を除く地方の意）で次の一二ヵ所を確認していた。

①青森県五所川原市脇元字靄谷《もや》の靄《もや》山（一五二メートル）
②同県青森市雲谷《もや》の雲谷峠（五五三メートル）　峠の名が付いているが、実際は山の名である。
③同県十和田市沢田の大母屋《おおもや》（五二六メートル）と小母屋（五二八メートル）　わずかだが低い方を大母屋と呼ぶのは、眺望のきく方から眺めると、こちらが大きく見えるためである。
④岩手県九戸郡軽米《かるまい》町小軽米の靄《もや》岳（五六七メートル）
⑤同県二戸郡一戸町高善寺の茂谷《もや》（三八三メートル）　前述のように、山の名である。
⑥秋田県山本郡八峰《はっぽう》町の母谷《もや》山（二七六メートル）
⑦同県同郡藤里町粕毛《かすげ》の茂谷《もや》山（四五〇メートル）
⑧同県大館市山田字茂屋の茂屋方《もやかた》山（二三六メートル）
⑨同県鹿角市十和田瀬田石の茂谷《もや》山（三六二メートル）
⑩同県大館市十二所の靄《もや》森（三六五メートル）
⑪同県能代《のしろ》市字大台野の茂谷《もや》山（二四八メートル）

⑫同県仙北市田沢湖潟《かた》の靄森山《もやもり》（三七三メートル）

ルビを振っておいたように、右は例外なく「モヤ」と読み、その分布は青森、岩手、秋田三県にかぎられている。

なお、山田氏が現地を訪ねたのは、①、②、⑪、⑫であった。

6　一三ヵ所目のモヤ

前節で挙げた一二ヵ所のうち、③には大母屋、小母屋の二つの山がある。さらに、⑥には、すぐ北側に薬師山（三一二メートル）があり、もとはこちらを「大母谷《おおもや》」、いまの母谷山を「小母谷」と呼んでいた。

つまり、一二ヵ所に合わせて一四のピークがあることになる。これらはすべて、ほかから独立してそびえる山ばかりで、連山または群山の中の一つの隆起といった例はない。また、その山容は次のいずれかに分類できる。

- 三角山　横から眺めた姿が三角形に見える山で、よく世間で富士山にたとえられる形の山である。
- 準三角山　三角山に近いが、頂上のあたりが欠けていたり、全体にややいびつな形の山である。
- お椀山　みそ汁椀を伏せたような形の山である。山田秀三氏は「円頂丘」と表現している。
- 鍋山　お椀山より平べったい感じで、中華鍋を伏せたような形の山である。

ただし、実際には中間形の山も珍しくない。

繰り返しになるが、『アイヌ語地名の南限を探る』には右の一四の山の写真すべてを掲げておいた。ここでは、その一部だけの掲載にとどめておくことにしたい。

これらの山にいちじるしい特徴があり、それが山田氏の指摘する北海道の「モイワ」とほぼ共通していることは明らかであろう。モイワは「モ（小さな）・イワ（聖山）」に分解できるが、それが東北地方ではモヤと訛ったのだといっても、こじつけになることは全くないと思う。

そのうえ、わたしが確認できただけで、①、⑤、⑥に含まれる二つ、⑨、⑪の合計六つの山頂あるいは、その直下に今日も神社が祀られている。これは、モヤがかつては「山の神信仰」の対象になっていた名残りだと考えられる。要するに、モヤとは、山田氏の言葉を借りれば、

青森県五所川原市脇元字靄谷（もや）の靄山（もややま）

岩手県二戸郡一戸町高善寺の茂谷（もや）

秋田県鹿角市十和田瀬田石の茂谷山

「コタンの神様がおられる処」

とみなして、まず間違いあるまい。

そうして、二戸市石切所にもモヤ山があったのである。わたしには一三ヵ所目のモヤになる。

ここのモヤ山は、既述のように石切所の上里と奥山が位置する盆地の中の独立峰である。ただ、その形状は東西に細長い丘であり、この点ではほかのモヤとは少し違っている。ところが、盆地が口を開けている東の方角からは、こんもりとしたお椀形に見え、さらに盆地内の眺望のきくところから望む山容も、それに近い。見る角度によって、三角山やお椀山などの形を呈する山は一二ヵ所の中にもいくつかあって、ここがとくに例外をなしているわけではない。

以上の事実から、もはや明らかだと思うが、石切所のモヤ山も、この麓に住むアイヌ人の「故郷の聖山」だったのである。それは、この一帯とくにまわりの上里、奥山にコタンがあったことを示している。それを裏付けるらしい、もう一つの地名を次に紹介しておきたい。

奥山の集落の背後（北側）、上里遺跡や長福寺横長根墓地の北あたりに、普通の地図には載っていないが、「親子登《おやこと》」という、非常に珍しい表記と音の小地名がある。その由来を日本語で説明するのは、まず無理であろう。しゃにむに試みれば、当ててある漢字から奇態な説話を生むくらいがオチではないか。

「オヤコト」は、おそらくアイヌ語である。知里真志保『地名アイヌ語小辞典』（一九五六年、楡《にれ》書房。のち北海道出版企画センター）の八四ページに、

「o-ya-kot　オヤコッ【キタミ、クシロ】半島。［o〈尻〉（が）ya〈陸岸〉kot〈(に)くっついて

いる〉」」（一部、表記の記号と文字を変えてある。以下同＝引用者）

という記載が見える。

アイヌ語のオヤコッは半島を意味するが、それはオ（尻）―ヤ（陸岸）―コッ（くっついている）の三語が合成された言葉だとしていることになる。注記のキタミ、クシロは、この語が北見、釧路地方の方言から採集されたことを示している。

日本語は、あらゆる音節の末が母音で終わる典型的な開音節《かいおんせつ》系の言語である。これに対して、アイヌ語は子音で終わることも多い閉音節《へいおんせつ》系の言語であり、右のコッのように最後のt音を口の奥にのみ込んで音として発しない単語も少なくない。それなのに、つづりにtを加えているのは、このあとに母音がつづくと、それが現れてくるからである。

日本人は、そのような音を発することが苦手である。というより、それでは日本語にならない。だから、これを日本語に取り入れる際には、無理にでも母音を付けて、例えばtなら「ト」としてしまう。

つまり、オヤコッというアイヌ語を日本語に借用した場合、必然的にオヤコトにならざるを得ないといえる。これは石切所の親子登と同じ音になる。

それでは、親子登は「半島」を指すのだろうか。むろん、そんなことはあるまい。ここは全くの山中に位置しているのである。

卑見では、オ・ヤ・コト（コッ）の「ヤ」は「イワ」の訛りだと思う。イワがヤとなることは常識的にもあり得るし、現に「モ・イワ」が東北地方では「モ・ヤ」と変化している。

そうだとすれば、オヤコトとはオ・イワ・コト（コッ）が原義で、それは「尻（この場合は山の麓）がイワ（故郷の聖山すなわちモヤ山）にくっついているところ」の意になるはずである。この解釈は少なくとも、現地の地形によく合致する。親子登の麓は奥山の集落であり、そこはそのままモヤ山へつながっているからである。あるいは、ここはモヤ山の遥拝所であったのかもしれない。

7　コタンは、いつまで存在していたか

石切所の一角に、でんと位置するモヤ山や、近いころまで「アイノ」という人間を意味するアイヌ語が、この一帯で使われていたことなどから考えて、石切所のとくに上里、奥山あたりにコタンがあったことは、まず疑いあるまい。これを否定しようとするなら、ただ「アイヌとよく似た男がいたというだけ」ですますのではなく、もっと人がうなずくに足るだけの根拠を示す必要があると思う。

それでは、いつまでコタンが存在していたのだろうか。この問いに対して答を出そうとするとき、重要な手がかりの一つになるのが、第一章で紹介した明治二十八年（一八九五）か二十九年ごろに起きたマタギの過失傷害事件（過失致死事件であったかもしれない）である。

既述の喜田貞吉『蝦夷《えみし》の研究』と山口弥一郎『二戸聞書』の記すところを合わせると、事件はアイヌの親子か兄弟が下閉伊《しもへい》郡安家《あっか》村（現同郡岩泉町安家）で鹿狩りをしていた折り、一人が誤って、もう一人を撃ったというものであった。二人は、もと岩手県の九戸郡に住んでいたが、

その後、北海道へ移住していた。ただ、夏のあいだは猟のため郷里へ戻っていたのである。北海道では明治維新後、乱獲と生息地域の開墾、異常な大雪などが原因で、エゾシカが激減していた時期があり、狩猟を生業としていたアイヌが東北地方へ「出稼ぎ」に来ていたとしても不思議ではない。

事件は二戸郡福岡町の区裁判所で審理された。当時、小学生だった下斗米（田中舘）秀三氏は、これを傍聴している。

そのころの九戸郡は、いまの九戸郡（軽米《かるまい》町、野田村、九戸村、洋野《ひろの》町）に加え、現久慈市の全域と岩手郡葛巻《くずまき》町のほとんどを含んでいた。同郡は二戸郡の東側に当たり、岩手県の北東端を占める広大な郡であった。下閉伊郡は九戸郡の南側になる。

それはともかく、事件に関係した二人のマタギがアイヌ人であったことは、加害者が北海道（のアイヌ人社会）で育ったため日本語が十分にできず、被害者が法廷で、その通訳をしたことから明らかだといえる。（これが過失致死事件だったとすれば、通訳を務めたのは別人だったことになるが、その場合でも加害者がアイヌ人であったことに変わりはない。）

彼らは、北海道へ渡る前には九戸郡に住んでいた。それは明治時代になってからのことであろう。つまり、近代に入っても九戸郡のどこかに、コタンが存在していたのである。なお、コタンはアイヌ語で集落のことだが、たとえ一戸であってもそう呼ぶ。狩猟・採集民は、農耕民のように大きな村をつくることは少なく、記録に残るコタンの中にも数戸以下にすぎない例は決して稀ではなかった。

ともあれ、九戸郡にコタンがあった以上、隣の二戸郡にもそれがあった可能性は十分にある。しかも、下斗米たよさんも、秀三氏も、石切所の松本茂吉という名を挙げて、

「皆アイノと言ひ、真当のアイヌと思つてゐた」

「何時《いつ》か私はこのアイノと一緒に山道を通つてゐたことがある」

と、ためらうことなく茂吉がアイヌ人だったとしている。それを疑うべき特段の理由があるなら別だが、そうでないとすると、二人の言葉はそのまま受け取ってかまうまい。

相馬福太郎氏が、この人物は「アイヌとは関係がない」と断じたのは、明治になっても本州にアイヌ人が居住していたはずはない、という「常識」にとらわれていたからではなかったか。たしかに、そのような事例が二戸にかぎられていたとするなら、にわかには信じがたいと思うのも無理はない。しかし、似たような話は東北地方では、かなり豊富に確認できる。次章から、それらを順を追って紹介していきたい。

【コラム】② 石切所モヤ山の麓を歩く

二戸市石切所の上里《うわざと》はモヤ山の南側に、奥山は北側に位置している。上里の戸数は八〇ほど（令和三年、住民の話）、奥山は令和二年で七四（町内会の加入世帯数＝インターネット情報）のようである。『盛岡藩郷村仮名付帳《かなつけ》』によると、いまから二二〇年ばかり前の享和三年（一

八〇三）には、上里三〇戸、奥山一四戸であった。

令和三年十月につづき、わたしは同四年十月にも二つの集落を歩いてみた。二度目は三日間にわたり、できるだけ住民の容貌に注意しながら車を走らせるとともに、合わせて一〇人くらいに声をかけた。アイヌ人の外観をうかがえる人がいないか、コタンの面影を残す何かがないのか知りたかったからである。

「それで、どうであったか」

と問われると、わたしの答は中途半端なものになる。つまり、はっきりしたイエスでもなければノーでもない。

一回目のときは、いわば通り抜けただけだったので、かつてのコタンを思わせる、どんな特徴にも気づくことはなかった。ただ、二人の老婦人が、西方六〇〇メートルほどの男神《おがみ》岩について、

「あれはね、アイヌの神様ですよ」

と、言うのを耳にしたくらいであった。

ところが、再訪時の二日目の朝、奥山で、

「あっ、この人は」

と、思わずつぶやいてしまいそうな女性を見かけたのだった。

女性は五〇歳前後であろう。顔の幅が広く、彫りが深かった。眉が濃く、目は大きい。その目は、「ちょっと怖いような」とも表現できるかもしれない。頭髪は豊かで、茶色に染めていた。

もし、この女性を北海道で見たのだとしたら、わたしはアイヌ人に違いないと信じ込んでいたろう。彼女の容貌は、それほど和人ばなれがしていた。わたしは、すぐに車を停めて声をかけた。

「すみません。あの山の名前は何というのでしょうか」

わたしは、すでにその名を知っていたモヤ山を指さしながら訊いた。

「さあ、ちょっとわかりません」

「地元の方じゃないんですか」

「いいえ、地元ですけど……、あの人なら知っているかもしれませんよ」

彼女は、向こうから歩いてくる八〇すぎとおぼしき女性に顔を向けて言った。そのあと彼女は、そばの家に入っていった。

「あれはね、モヤ山といいますよ」

あとから来た女性は、こともなげに答えた。それから、

「とくに信仰の対象になっているというようなことは、ありませんねえ」

といったことなどを教えてくれた。

この女性の顔も、ややアイヌっぽいと、わたしは感じた。頭髪は総白髪なのに、眉が濃く真っ黒であった。

実は、この前日、わたしは一年ほど前に会った上里の昭和十年（一九三五）生まれの女性のもとを再び訪ねていた。

奥山集落から石切所モヤ山を望む。

「実家（二戸市米沢《まいさわ》）の母の父は鬚が濃く、アイヌ人のような人だった」

と話してくれた女性である。彼女は、その母について、

「奥山のH（姓のイニシャル）という家の生まれで、米沢へ嫁に行ったんですよ」

と言った。わたしは、もちろん彼女の母方の祖父を見たことはない。しかし、先の中年の女性を目にした折り、この話を思い出さずにいられなかった。

以上のことは見方によれば、

「日本人にも、いろんな顔がある。それだけのことではないか」

となってしまうだろう。わたしも、それは十分に承知している。だから、ここに近いころまでコタンがあった証の一つにするつもりはない。顔が与える印象など、結局は何かの裏付けにするのは難しいといえる。

次は、この両集落の氏神についてである。

上里には大防《だいぼう》八幡宮が、奥山には丹内《たんない》神社が、いちおう祀られてはいる。だが、これはほんの祠《ほこら》であり、およそ氏神（鎮守）といった結構ではない。現に、住民に、

「ここの氏神は、どこにあるんですか」

と訊いても、すぐには答が返ってこないことが多い。口ごもって考え込む人もいれば、

「ないのでは」

と、つぶやく人もいる。

中には、晴山の深山《しんざん》神社を挙げた人もいた。この神社は一六世紀の末、九戸郡の晴山村（現在の同郡軽米町晴山のあたり）から分祀されたといわれており、しかも明治初年の神仏分離政策の前には深山観音寺と称していた。その勧請《かんじょう》のいきさつや、もとは寺院の性格を強くもっていたことから考えて、上里や奥山との関係はまずあるまい。

いま、それぞれの戸数は前記のとおり、上里八〇、奥山七〇余りで決して小さくはない。二〇年前でも三〇、一四であった。このような規模の集落に、ちゃんとした氏神がないのは、かなり珍しいと思う。それは、なぜなのか。

確かなことはわからないが、彼らが村の神として仰いでいたのは、あいだに位置する独立峰のモヤ山であったとすれば、その辺はすっきりと理解できそうである。

なお、少なくとも現在、上里にも奥山にも檀那寺《だんなじ》がない。これも、やや稀な例に入ると思うが、その理由も由来するところは同じかもしれない。

……………………

最後に余談ながら、下斗米たよさんが「真当のアイヌ」と思っていた松本茂吉氏の子孫の一部は、いまも晴山と、その周辺にお住まいのようである。茂吉氏は幕末の生まれらしく、おそらく今日までに五代か六代の代を重ねているだろうから、もはやほとんどの方がアイヌ人的外観は残していないのではないか。

第三章　青森県・津軽海峡沿いのアイヌ村

1　確実な文献の裏付けがある例

近代になっても東北地方にアイヌ人がいた、コタンがあったと記した文字記録は、決して珍しくない。わたし自身も、アイヌ語地名の分布域を調べているあいだに、そのような話を合わせて一〇件ほども耳にした。

ただ、右のどちらの場合にも、

「その人びとは本当にアイヌといえるのか」

「それは確かにコタンであったのか」

との疑問がつきまといがちの曖昧さがある。だから、前章で紹介したような、

「アイヌに、よく似た男がいただけ」

といった反論をまねくことにもなる。

そこで、近代のアイヌ人に触れた文章や、わたしの聞取りの結果を順次ならべていく前に、「本

当にアイヌなのか」という指摘が入り込む余地がない事例を取上げておきたい。

ただし、それは江戸時代のことであって、近代になってからの話ではない。だが、確実だというだけにとどまらず、次の時代につながる前史としての意味においても重要であることに変わりはないといえる。

その揺るぎない文献が残っているのは、青森県の西部で北へ突き出した津軽半島の津軽海峡沿いである。

ここに、まとまった数のアイヌ人集落が点在していたことは古くから知られており、それについて言及した文字記録も二、三にとどまらない。既述の喜田貞吉『蝦夷《えみし》の研究』も、かなり詳しくこれに触れている。

しかし、山田秀三氏の『アイヌ語地名の研究 1』（一九九五年新装版、草風館）所収「津軽狄《えぞ》村戸籍の発見等」が、その後の知見も加えて、もっとも優れているのではないかと思われる。以下に述べることは、基本的にすべて同書から引用させていただいたものである。山田氏にお礼を申し上げるとともに、ここに、それを明記しておきたい。

なお、その中に出てくる最良の資料といってよい宝暦五年（一七五五）八月付けの、「津軽 外浜後潟《そとがはまうしろがた》 組狄 御改《おんあらため》 覚」は、山田氏の「青森の同好の友人村上信雄氏」が発見したものだという。

それは昭和三十四年（一九五九）か三十五年のことで、津軽半島北端の狄村を所管する代官所が後潟（現青森市後潟。市街の中心部から北北西へ一五キロほどの陸奥《むつ》湾に臨む地域）にあった時代に、代官所が弘前藩への報告に作成した文書の控えであった。

「代官所が他地に移転した後、そこが赤平氏の屋敷となって来たが、そのころになって、蔵がつぶれそうになった。村上さんがそこに行かれて、古文書でもないかと探されたら、これが出て来たのだそうだ。タテ一七センチぐらいの紙を綴じた素朴なメモで、その他の覚え書きの類がその後に続けて記入されている」

と前掲書の二〇八ページにある。

村上信雄という方の日ごろの研究熱心と偶然によって、その貴重な資料が日の目を見たことがわかる。

2　江戸中期の人別帳に載る津軽半島のアイヌ

村上氏が発見した文書には、表紙につづいて本文の冒頭に、

「外之浜上磯《かみいそ》狄切支丹《きりしたん》御改人数書」

と書かれている。

「外之浜上磯」とは、津軽半島の東岸と北岸を合わせた地域を指す言葉である。「切支丹御改人数書」は、いわゆる宗門改め人別帳のことで、実質的には戸籍簿に当たると考えてよいだろう。そのうちの「狄《えぞ》」すなわちアイヌ人の分が書き込まれた覚えが、もとの代官所の蔵に残されていたことになる。

その資料には八ヵ所の地名と戸主の名に職業（肩書）、家族の男女別の人数が記されている。職

業については全員が「農」となっており、これはむしろ身分を示していると考えられる。名前は「風呂阿伊遍」とか「天祈保羅」とか、そのままでは読み方がはっきりしないものが多い。それで、これはのちに取上げることにして、まず地名と各家族の人数だけを次に引用しておきたい。地名は東から西へ並べることにして、資料の順序を変えてある。カッコの中は現行の住居表示になる。

・奥平部（東津軽郡今別《いまべつ》町奥平部《おくたいらへ》）　五戸
　男三人、女四人／男二人、女二人／男二人、女三人／男三人、女三人／男一人、女二人

・母衣月《ほろつき》（同町袰月《ほろつき》）　三戸
　男五人、女三人／男四人、女五人／男二人、女二人

・大泊《おおどまり》（同町大泊）　三戸
　男二人、女三人／男二人、女五人／男二人、女三人

・松ヶ崎（東津軽郡外ヶ浜町三厩《みんまや》増川）　九戸
　男五人、女三人／男二人、女四人／男三人、女二人
　男二人、女四人／男二人、女四人／男三人、女五人
　男三人、女三人／男六人、女四人／男二人、女五人

・六条間《ろくじょうま》（同町三厩六条間）　二戸
　男六人、女四人／男二人、女二人

・藤嶋（同町三厩藤嶋）　四戸
　男五人、女五人／男三人、女一人／男一人、女二人

現在の青森県今別町袰月。ホロツキはアイヌ語の「ポロ（大きい）・ツキ（盃）」に由来する。その言葉のとおり、海岸線が、きれいな円形をなしている。

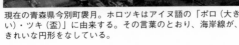

男三人、女三人

・釜野沢（同町三廏釜野沢）　四戸

男六人、女四人／男四人、女四人／男一人、女三人／男二人、女三人

・宇鉄《うてつ》（同町三廏宇鉄）　九戸

男六人、女二人／男四人、女五人／男三人、女二人／男一人、女一人／男二人、女一人

男三人、女二人／男三人、女三人／男三人、女二人／男二人、女一人

これらを合計すると、八集落に三九戸、二三五人（男一一六人、女一一九人）が住んでいたことになる。

一世帯に六人ほどは、当時の和人家庭の平均にほぼ等しいとしてよいだろう。注意をひかれるのは独り暮らしや、男女のいずれかがゼロの世帯が全くないことである。つまり、バランスがよくとれている。これは今日の過疎地にしばしばみられるような地域の衰退が、ほとんどなかったことを示しているのではないか。

さらに、戸籍簿の先頭に出ている世帯の人数が、大泊を除いて平均をかなり上まわっているところも興味ぶかい。これは、おそらく族長といった家だと思われ、それだけ暮らしに余裕と勢いがあったことを裏付けているのかもしれない。

山田秀三氏によると、この戸籍簿が作られた翌宝暦六年（一七五六）、津軽藩の執政、乳井貢《にゆういみつぎ》が一帯を巡視し、

「外ヶ浜宇鉄辺に居る狄共を、髭《ひげ》剃り鬢《びん》立てさせ、戸数人別帳に入り、宗旨改め寺持たせ候」（『工

藤家記』）

との措置をとったという。明確な和人化政策に踏み切ったのである。

その結果であろう、三二年後の天明八年（一七八八）に、ここを通った旅行家、菅江真澄《すがえますみ》は宇鉄のところで、

「この浦人はもと蝦夷《えぞ》の末ながら、ものいい、さらにことうら（他の浦）にことならず。近きむかしとやらんに鬚《ひげ》そり顔そりて、女も文身《ぶんしん》（刺青）あらで、そのけぢめなし（『率土《そと》ケ浜づたひ』）

と書き残している。言語、身づくろいなど、もはや和人とほとんど変わらなくなっていたのである。

それから五六年たった弘化元年（一八四四）には、探検家の松浦武四郎が宇鉄を訪れ、

「此村《この》は皆夷人の子孫にて、凡《およそ》七、八十年前は口髭をはやし、耳がねを懸たりと申しけるに、此辺にては決して是を秘して人に語ること無かりしと。家に太刀又は行器の類も有りと云へ共《ども》、中々人に見する事をせざりしと」（『東奥沿海日記』）

と記している。

右の「耳がね」は円形の大きなイヤリング、「太刀」は儀礼用の、いわゆるアイヌ刀、「行器（ほかい）」は食物をほかへ運ぶときの、漆塗りの容器である。いずれも、アイヌ文化を象徴する物品だから、これを持っていることはアイヌ人の証となる。それを隠そうとしていたというのである。

3　ほとんどがアイヌ語で付けた名である

先の宝暦五年の人別帳には、三九人の戸主の名が漢字で記されている。多くが、そのままでは、読み方が判然としない。ところが山田氏によると、江戸時代の津軽藩の諸記録には、同一人物か、それを襲名したと思われる名が、別の漢字や仮名で書かれたものがいろいろとあり、かなり正確に読みがわかる場合が珍しくないという。例えば、「宇鉄」はウテツともウガネとも読み得るが、ほかの文献に「宇徹」とあれば、前者でまず間違いないとなるようなものである。

その結果、元来の音を推測し、それを友人の萱野《かやの》茂氏に伝えて、アイヌ語で何を意味するのかたずねてみたのだった。

萱野氏は大正十五年（一九二六）、北海道沙流《さる》郡平取《びらとり》町二風谷《にぶたに》のコタンで生まれたアイヌ人である。アイヌ語を母語とする祖母に育てられたため、この年代の人にしては珍しく、子供のころからアイヌ語と日本語の両方を日常語としていた。つまり、バイリンガル（二重言語者）であった。氏は後年、参議院議員になり、議場でアイヌ語で演説をしたこともある。平成十八年（二〇〇六）、七九歳で亡くなられている。

萱野氏は、

「アイヌの名は、少し育ってから、その子の様子を見るとか、親の願望をこめるとかして付ける場合が多いのですよ」

と前置きをして、その解釈を山田氏に語ったのだという。

山田氏は、前記の人別帳に載る戸主のうちの五人について、自らが推測した読み方、萱野氏が示した、それに相当するアイヌ語とその意味を『アイヌ語地名の研究　1』の二一五ページに紹介しており、その要旨を次に引用させていただく。

- 師農多犬（シノタイヌ）　シノッ・アイヌ　「遊ぶ・男」　一人でおとなしく遊んでいた子か。
- 流亭力（ルテルケ）　ル・テㇽケ　「さっと・跳ねる」　ピョンピョンと跳ねる子であったか。
- 遍起利葉（ヘキリパ）　ヘ・キㇼパ　「頭を・動かす」　頭をよく振る子だったか。
- 株多犬（カプタイヌ）　カㇷ゚・タ・アイヌ　「皮を・切る・男」かもしれない。
- 伊宮流以（イクルイ）　イ・ク・ルイ　「それ（酒）を・飲む・激しい」　大酒飲みで、大人になってからのあだ名が名前になったらしい。

なお、シノタイヌとヘキリパは宇鉄の、ルテルケとイクルイは藤嶋の、カプタイヌは松ヶ崎の住民であった。

これらの名がアイヌ語によって付けられたらしいことは、まず間違いあるまいが、それは別の方面からも立証できる。

右の五人の中には、語尾が「多犬（タイヌ）」で終わっている者が二人いる。これはタ・イヌと分解されるのではなく、本来は前の語の末尾の子音ｔにａｉｎｕ（アイヌ）が付いたものである。同種の例は、三九人のうちの実に二六人に及んでいる。それを用いた名を文字別に並べてみると次のとおりになる。カッコ内は、引用者による読み方の推測である。

- 多犬（タイヌ）　八人

・安犬（アイヌ）　三人
・哥犬（カイヌ）　三人
・鷹犬（タカイヌ）　三人
・良犬（ライヌ）　二人
・呵犬（カイヌ）　二人
・葉犬（ハイヌ）　一人
・磨犬（マイヌ）　一人
・鎌犬（カマイヌ）　一人
・輪犬（ワイヌ）　一人
・羅犬（ライヌ）　一人

これによって、アイヌ人の男性は、しばしば名前の最後に「アイヌ」（何度も述べたように、人間の意）の語を付ける習慣があったことがわかる。多くのアイヌ人と接した経験をもつ金田一京助氏も、そう書き残している。

既述のように、岩手県二戸市の石切所や福岡あたりでは、男性を呼ぶ「アイノ」なる敬語表現があった。「主人がいるか」ということを「アイノがいるか」とも言っていたのである。これも本来は、

「シノタイヌさんはいるか」

などといった挨拶だったのが、いつの間にか上の方が略されて、そうなったのかもしれない。

ただし、アイノ（アイヌ）には、もとからそのような意味があったことも考えられる。いずれであれ、これも近いころまで二戸にアイヌ人が住んでいたことを示す証拠の一つになるだろう。

4 『津軽一統志』では

津軽藩（弘前藩）が編纂した官撰の史書『津軽一統志』全一〇巻は、享保十六年（一七三一）に刊行されている。

同書の原本は、すでに失われ、いま出まわっているのは、いずれも写本である。その内容は諸書で大きくは異なっていないようだが、表記の文字が違っていることは、ときどきあるらしい。早い話、表題も「一統志」「一統誌」「一統史」と少なくとも三つが知られている。以下、本書では「一統志」を用いることにしたい。

この書は、明治三十九年（一九〇六）に近松書店から発行された印刷本が、国立国会図書館によってインターネット上に公開されている。しかし、わたしには、その書誌学上の評価がわからないので、本節では既述の喜田貞吉『蝦夷の研究』四四八ページ以下に紹介されている、「北海道庁蔵本により、京大謄写本によって校合したもの」から引用させていただく。

『津軽一統志』巻十の末尾には、「御領分狄《えぞ》の覚」なる一節があり、そこには一五の村と、各村に住むアイヌ人戸主の名が次のように記されている（読みやすいように、原文とは少し書式を変えてある）。

・宇田村　伝蔵
・ふこ崎村　長次郎
・五所塚村　善蔵、早助
・綱不知《つなしらず》村　ぜもん
・奥平部《おくたいらへ》村　弥九郎、又右衛門、与四郎、むさし、松右衛門、あら助、長三郎
・砂ヶ森村　喜蔵、はんぢよ、小市郎、作十郎、治郎吉、猪之助
・母衣月村　いほかい
・小泊《こどまり》村　いそたいぬ、弥蔵、弥市、茂十郎
・山派《やまはだち》村　いづみ
・松ヶ崎村　与一郎、佐平次、伝兵衛、しからけ、藤右衛門、林蔵、小平次、きく、三太郎
・ひくちよま村　味之助、作助
・藤崎村（のちの藤嶋村。岬の付け根が海没して島になったらしい）　万五郎
・かまの沢村　まこら犬、こじ、三四郎
・宇鉄村　四郎三郎、藤蔵
・堂《た》つひ村　けんびし
　右狄数合四十二軒
この覚えには、年次が書かれていない。それについて、喜田は「寛文九年（一六六九）以後、それよりもあまり遠からざる時」とし、山田秀三氏は「寛文九年かそれに近い時代」としている。

右の名寄せが同年十月と十一月の記事のあいだにはさまれていることなどから考えて、ともに妥当な解釈といえるのではないか。

寛文九年だとすれば、先の宝暦五年（一七五五）の人別帳がつくられたときより八六年も前になる。それにもかかわらず、人別帳では三九人の戸主の全員がアイヌ名で記録されていたのに、覚えでは一見して明らかなように、四二人の大半が和人風の名になっている。これは、なぜなのか。

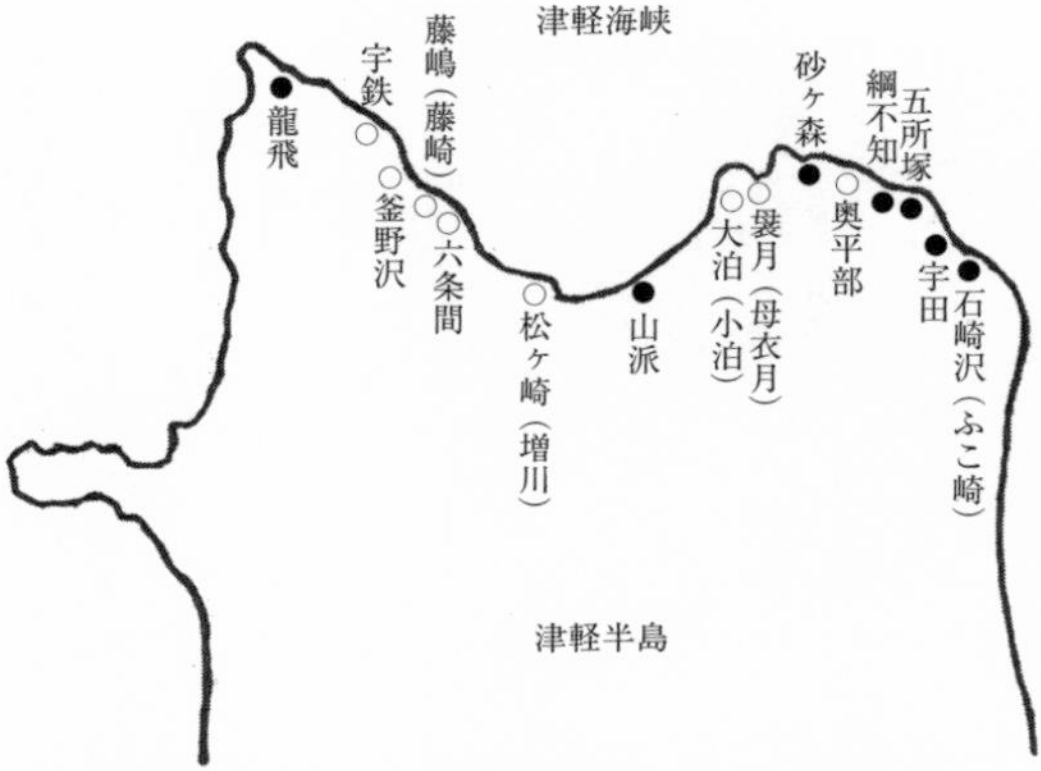

江戸時代の津軽アイヌのコタン所在地。白丸は「御領分狄の覚」と「宝暦の人別帳」の両方に、黒丸は前者にのみ見える。

少なくとも津軽藩では、江戸時代の前期すでにアイヌ人の名を和風に変える政策が、陰に陽に進められていたと思われる。ただし、それはしゃにむにといった強圧的なものではなく、だから「いほかい」とか「いそたいぬ」「まこら犬」などと名乗っても、そのまま藩の記録に載せられたのであろう。

その後、和人化政策の一環としての名の変更は強められこそすれ、ゆるめられることはなかったに違いない。江戸中期の宝暦ごろには、おそらく人別帳に見えるアイヌ人のほぼすべてが和風の名ももっていたのではないか。そうでなければ、三二年後の天明八年（一七八八）に宇鉄を訪れた菅江真澄が、

「この浦人は、ものいい、さらにことうら（他の浦）にことならず」

などと書き残すことはなかったはずである。

それが人別帳で、一人の例外もなくアイヌ名で記されている理由は必ずしもはっきりしないが、一つには独自の文化の滅亡に直面させられていたアイヌ人たちの強いこだわりの結果であったのかもしれない。あるいは逆に、藩側が八ヵ村が間違いなく「狄村」であることを示すため、あえて住民の名を本来の民族名にしたということも考えられる。

ともあれ、彼らに対する和人側の圧迫が年々、強まっていたらしい様子は、別の面から「御領分狄の覚」と「宝暦の人別帳」を比較することによってもうかがえる。

今別町袰月から１キロほど西方の鋳釜崎（いがまざき）。津軽海峡に臨む寂しい海岸だが、ここもアイヌたちの漁場であったろう。

二つの資料に出てくる狄村の位置は、前ページの地図に示したとおりである（白丸は両方に、黒丸は覚えにのみ見える村。推測を含んでいる）。なお、小泊は大泊を、ひくちよま（ビクヂヨマ）は六条間《ろくじようま》を指している。

いずれも津軽半島北端の海べりにあって、そのうちもっとも東すなわち現在の青森市にいちばん近いのは「ふこ崎」（現東津軽郡外ヶ浜町平舘《たいらだて》石崎沢のあたり）で、西端は「堂つひ」（たっぴ、いまの龍飛《たつぴ》岬を含む同町三厩龍浜《たつはま》）になる。

これでまず気づくのは、寛文時にコタンがあったとされている「ふこ崎」「宇田」「五所塚」「綱不知」の青森に近い方の四ヵ村が、宝暦の戸籍からは消えていることである。つまり、和人の社会に接したコタンからアイヌ人が撤退したといってよい。世帯数は寛文のころが四二、宝暦で三九とほとんど変わっていないのだから、四ヵ村の住民は同族の多い西部へ移住していった可能性が高い。

コタンが衰退し、和人の村々に囲まれてくると、何かと暮らしにくくなるからであろう、仲間のいる地域へ移っていく傾向は、のちに紹介するように明治維新後にも見られたようである。

5 「シャクシャインの蜂起」

寛文九年(一六六九)六月、北海道南部の日高シベチャリ(現日高郡新ひだか町静内《しずない》。苫小牧市の南東七〇キロほど)を本拠にしていたアイヌの部族長シャクシャインが、日ごろの圧政とくに不利益な交易慣行に怒って、同族のアイヌたちを誘い松前藩に反旗をひるがえす事件が起きている。

シャクシャインは同年十月(西暦では十一月)、和人によって謀殺され、指導者を失ったアイヌ側は、このあと蜂起の勢いが急激に弱まっていくが、そのいきさつは諸書に見えているので、ここでは言及をひかえておく。わたしが、いま取上げようとしているのは、この折りの津軽外ヶ浜のアイヌたちの動きである。

ただ、その前に「シャクシャイン」という名について一言しておきたい。この名は「サクサイヌ」とも書かれることがある。アイヌ語ではサ行音とシャ行音の区別がなく、また「アイヌ」のアクセントは語頭の母音アにあるので、往々、和人の耳には「アイン」のように聞こえることもあって、二つは単に表記の違いにすぎない。要するに、シャクシャイン（サクサイヌ）の語尾は、sのあとにａｉｎｕが付いた形である。つまり、シャクシャインも最後が「アイヌ」で終わる名の一例になる。

康正三年（一四五七）六月、やはり和人に対する反乱を指揮した渡島《おしま》半島東部の部族長コシャマイン（コサマイヌ）の名についても、同じことがいえる。わずか二例ではあるが、これらはアイヌ人男性の名に「アイヌ」を付け加える習慣が、日本の中世にまでさかのぼることを示していそうである。

話をシャクシャインの蜂起にもどすと、この事件で松前藩に応援部隊を派遣した津軽藩は、その中に「飛脚船」も含めていた。『津軽一統志』によると、船は合わせて九艘、大きさは大が七人乗り、小が三人乗りだが、船頭はみな「狄《えぞ》」すなわちアイヌ人であった。

さらに、乱に際し津軽藩は、ひそかに藩士を北海道へ送り、かの地の様子を調査させている。そうして、一行には「外ヶ浜宇鉄の蝦夷《えぞ》数人」を通辞（通訳）として同行させていたのである。これは津軽半島北端の狄村の住民が、疑いもなくアイヌ人であったことを裏付ける何よりの証拠だといえる。

北海道アイヌと津軽アイヌの仲は、あまりよくなかったふしがある。というより、後者は前者を軽侮していたのかもしれない。『北海随筆』という本から、それがうかがえる。

同書は、江戸幕府の金座役人、後藤庄三郎の使用人だった坂倉《さかくら》源次郎（姓を板倉《いたくら》とした資料もある。生没年不詳）の執筆になる。源次郎は元文元年（一七三六）から翌年にかけて、金山開発の可能性をさぐるため蝦夷地を調査し、その結果を記録したのが同書であった。

『喜田貞吉著作集9　蝦夷《えみし》の研究』四六九ページには、『北海随筆』から次のような文章が引用されている。

「津軽・南部にも蝦夷《えぞ》人あり。言語通ぜずといへども、月代《さかやき》（額から頭の中央へかけて髪を剃り落とした部分＝引用者）を少しばかり剃り、はんかう（頭髪の前の部分だけを剃った髪型＝同）にして髭あり。此の蝦夷人は本邦往古よりの蝦夷人なる故に、松前蝦夷と出会《しゆつかい》することを望まず。系図を正して其差別する事なり」

いまの青森、岩手県あたりにも江戸中期にはアイヌ人が住んでいて、和人とは「言語が通じなかった」ことがわかる。しかも、彼らは松前すなわち北海道南部のアイヌ人とは違うという意識をもっていたのである。

「津軽・南部の蝦夷は、松前の蝦夷にはあらず、古へ陸奥《むつ》の蝦夷の遺種なり。僕（源次郎のこと＝引用者）三廏に在《あり》ける時、此事を尋ねけるに、松前の蝦夷とは別種なることをただして云へり。蝦夷にて血脈を引、家系を乱さざる故、百代の後といへども違ふことなし」

同じアイヌでも、津軽・南部のアイヌは松前のそれとは別である、自分たちは陸奥（東北地方）のエミシの遺種であり、「家系を乱すことがない」ので百代たっても、それは変わらない、といっているように受け取れる。もし、このとおりだったとしたら、被差別者が同類の被差別者を差別していた例の一つになるのではないか。

ただし、これは源次郎の理解であって、系図うんぬんといったことをそのまま信じてよいのかどうか、疑問が残らないでもない。

なお、喜田が引用した『北海随筆』は「函館図書館本」だったというが、現在、国文学研究資料館がインターネットに公開している同書には、右引用の後半部分は見えないようである。

6 明治時代の青森県のアイヌ人

これまでに述べてきたことは、江戸時代の確実な資料にもとづく津軽半島北端のコタンの話であった。その住民の姿は明治期になると、まるでかき消すように外部の視界から去っていた感がある。しかし、青森県のほかの地域には維新後もアイヌ人が住んでいたという証言が、ぼちぼち残されている。次は、その例である。

• 本年［昭和一二年］三月青森市へ調査に行ったさいにおいて、青森郷土会で聞いた古老の談話である。現在知り得る津軽アイヌ遺存の最後は、明治九年（一八七六）だというのである。野辺地町《のへじ》（現上北郡野辺地町）の西方小湊［平内町《ひらない》］在に東滝《ひがしたき》（東津軽郡平内町東滝）という部落がある。これは慶安年間（一六四八―五二年）の『津軽絵図』にも明かに狄村《えぞむら》とある所で、その部落に貝原与五郎というアイヌ、明治九年に明治天皇陛下奥羽巡幸のさい路傍に鹵簿《ろぼ》（行幸の行列）を拝し奉り、それを名残りとして北海道古平《ふるびら》（古平郡古平町）の同族をたよって移住したというのである。内地のアイヌは通例居着きのままに日本民族中に蹟《あと》を没したのではあるが、中には次第にその数を減じてようやく寂寥を感じ、ために北海道の同族を尋ねてかの地に渡ったという伝説は所々にある。これが具体的事実としては、現に胆振《いぶり》の白老《しらおい》（白老郡白老町）コタンに住する住吉平吉と称するアイヌは、もと津軽宇鉄の酋長四郎三郎の一族で、先祖が後志《しりべし》の瀬棚《せたない》（久遠《くどお》郡せたな町）部落に移住し、近年白老に移ったものであると本人自身が先年余輩に語ったところである。

以上の出典は『喜田貞吉著作集9　蝦夷の研究』一一六ページ。［　］は編集者による注記で、（　）は引用者による。

ともに当人の実名まで記されており、とくに反証のないかぎり、これを疑うべき理由はないと思う。

前半の平内町東滝は、西の津軽半島と東の下北半島に囲まれた陸奥湾の中央部で、北に突き出した夏泊《なつどまり》半島の東岸に位置している。遅くとも江戸前期から、ここにアイヌ人が住んでおり、明治九年に最後の一人が北海道へ去っていったらしいことがわかる。

後半の「津軽宇鉄の酋長四郎三郎」は、既述の「御領分狄《えぞ》の覚」に出てくる「宇鉄村四郎三郎」のことか、その先祖または子孫を指している。この名は、時代を違えていくつもの資料に現れるといい、宇鉄の部族長の家で代々、襲名を重ねてきたようである。

菅江真澄の『率土《そと》ヶ浜づたひ』（一七八八）によると、真澄は、この家に泊まったことがあり、「宇鉄のクマタカインが末なるは、この宿のあるじ四郎三郎なり」と書き残している。

次の二つは、いずれも山田秀三氏の『アイヌ語地名の研究1』二二二ページからの引用である。

青森市三内の三内中学校。出水にそなえて１階部分が駐車場になっている。三内にも明治の初めまでコタンがあった。

・青森の村上さん（宝暦五年の外ヶ浜狄の人別帳を発見した村上信雄氏のことであろう）は、「三内《さんない》（現青森市三内＝引用者）にアイヌ部落があったが、爺さん婆さん二人きりになり、どうにもならないので、北海道の白老に行った。明治初年のことらしい」と話された。

・貝森格正さん（同書二〇九ページによると、青森県立図書館に置かれていた古文書研究会の会長だったという）は、「東田沢（平内町東田沢。夏泊半島の北岸）にアイヌがいたが、爺さん一人になり、北海道の平取《びらとり》（沙流《さる》郡平取町）辺に行った。明治十三年（一八八〇）のことで、これが最後のアイヌだった」と語られる。

前者の「三内」は、JR青森駅から南西へ四キロほど、日本最大の縄文集落跡として知られる「三内丸山遺跡」の所在地である。この遺跡とアイヌ人との関係は不明だが、「サンナイ」はアイヌ語であり、「（ふだんは水がちょろちょろとしか流れていないが、まとまった雨が降ると、水がどっと）出る川」を意味している。そのカッコ内の部分を省略して、単にサン（出る）・ナイ（川）といっているのである。この地名は、三内丸山遺跡でも知られるように、東北地方の北部にはときどき見られ、わたしが現地を訪れたかぎりでは、いずれも右の語義にぴったり合っていた。

後者の「東田沢」は、喜田の報告に出てくる貝原与三郎がいた東滝から北西に六キロくらいしか離れていない。夏泊半島の東岸から北岸にかけての地域には、明治の初めごろまで複数のコタンが存在していたのであろう。

また、三内のアイヌの移住先の白老は、住吉平吉が、おそらく大正か昭和の初期に、現在の久遠郡せたな町から移った先と同じである。

さらに、東田沢のアイヌが転居していった平取町は、前記のアイヌ文化研究者、萱野茂氏の出生地で、白老の六〇キロばかり東になる。白老も平取も今日、アイヌ人がもっとも濃密に居住する地方の一つとして知られている。ここで綿密な聞取りをすれば、

「わが家の先祖は、どこそこから、ここへやって来た」

という話を耳にできるのではないか。その中には、東北地方北部の地名を挙げる人もいるかもしれない。

7　彼らは、いつから住んでいたのか

津軽半島最北端の龍飛岬（龍飛崎）と渡島半島最南端の白神岬とは二〇キロほどしか離れていない。一衣帯水の間にあるといってよいだろう。そんなに先端にまで行かなくても、津軽半島の北岸ならどこからでも、晴れた日には北海道が近々と望める。

アイヌ人は漁撈民族でもあったから、かなり古い時代でも、この程度の渡海には何の痛痒も感じなかったのではないか。津軽海峡は、彼らにとって庭のようなものであったのかもしれない。

そうだとすれば、とくに外ヶ浜のアイヌ人は、さして遠くない時代に、北海道から移住してきた人びとの子孫で、いわば植民者のようなものではなかったかという疑問がわく。これをはっき

りと否定できる証拠もないが、一方で、その年代は非常に古く、奈良時代以前にさかのぼる可能性もあり得る。

アイヌ人が本州（実際には東北地方の北部）へ南下してきた時代については、のちに考えることにして、ここでは外ヶ浜のアイヌ人にかぎり、その居住が資料によって確認できるのが、いつごろからなのかを取上げることにしたい。

既述のように、『津軽一統志』には外ヶ浜の狄村一五ヵ村と、そこに住んでいたアイヌ人合わせて四二人の名が記されている。そのリストの作成年次は欠けているが、寛文九年（一六六九）ごろと考えて、まず間違いないようである。つまり、一七世紀の半ばすぎに、津軽半島の北岸にコタンがあった事実は揺るがない。

これを裏付ける別の信憑性が高い資料も残っている。『弘前藩庁日記』（『津軽藩日記』とも）である。『蝦夷の研究』四四二ページによると、その寛文二年（一六六二）三月二日条に、

「一、狄共《えぞども》お目見《めみえ》。熊ノ子上《たてまつ》る」

とあるという。喜田は、これが青森県の郷土史家、中道等《なかみちひとし》氏の教示によったことも書き添えている。

「熊ノ子」は、むろん津軽で捕ったツキノワグマの幼獣であろう。それを藩主に献上した記録に違いない。

なお、津軽藩ではアイヌ民族のことを、「狄《えぞ》」「狄」「夷」などの文字で表記していたようである。ほかのところでは、これに「蝦夷」の文字を当てて「えぞ」と読むことが多かった。蝦夷は古代

の文献では、一般に「えみし」と読まれるが、江戸時代ごろには「えぞ」の訓に変わっていたのである。

このような事情もあってか、古代の正史に現れるエミシ（蝦夷）をアイヌ民族と同一視する見解は古くからあり、いまもそう考えている人も珍しくない。しかしわたしは、これにどうしても賛同できない。エミシは新潟県北部と東北地方のほぼ全域を居住域としていたのに、アイヌ語地名は前にも書いたように、東北の北部三県と宮城県の北部三分の一くらいにしか分布していないからである。

ただし、エミシは和人側の中央政府から見た場合、

「まつろわぬ（服従しない）異境の民」

を指す政治的概念だったと思われ、その中にはアイヌ民族も含まれていたろう。

話を津軽の狄にもどすと、その存在は文献のうえでも、さらに一〇〇年以上さかのぼる可能性が高い。『津軽郡中名字《なあざ》』という地名集があり、天文十五年（一五四六）の成立とされている。次も、『蝦夷の研究』四五二ページからの引用になる。

「天文の『津軽郡中名字』には、綱不知《つなしらず》とホロツキとの間に、『夷』と書いてオコタラベと傍訓してある。けだし古くは蝦夷村として特に著名であったものと見える」

オコタラベは、宝暦の人別帳や『津軽一統志』に出てくる、

• 奥平部（現東津軽郡今別町奥平部《おくたいらへ》）

のことである。

江戸時代中、後期には、

・宇鉄（現同郡外ヶ浜町三廏宇鉄）

が外ヶ浜を代表するコタンのようになっていたが、一六世紀にはオコタラベが、それであったのかもしれない。

ともあれ、『津軽郡中名字』の右の記述が信頼できるものであるなら、外ヶ浜のコタンは、少なくとも室町時代には存在していたことを示す証拠になる。

【コラム】③　コタンの風景

今日、津軽半島の北岸を車で走ってみても、当然のことながら、かつてのコタンの姿をうかがわせる、どんな景観に出合うこともあるまい。奥平部、増川（もとの松ヶ崎）、六条間、釜野沢、宇鉄……どこもみな、海沿いの国道をはさんで何の変哲もない民家が並んでいるだけである。

そのどん詰まりに龍飛岬（龍飛崎）が位置している。ここは観光地だから、時候がよいころの、とくに晴れた日には訪れる人びとが多い。道の駅があり、灯台があり、温泉付きのホテルがあり、レストランも土産物店も公園もある。青函トンネル記念館が建ち、津軽海峡冬景色歌謡碑も立っている。

ところが、ここから岬を過ぎて半島の西海岸へまわると、風景が一変する。道は狭く、カーブがちになる。人も車も見かけることは、まずない。道は二キロばかり先で行き止まりである。

そこを、

・北津軽郡中泊町小泊《こどまり》字袰内《ほろない》

という。わたしが、ここを訪ねた平成二十八年（二〇一六）十月当時、気づいたかぎりでは漁家らしい家が飛びとびに三軒ほどあるだけだった。

青森県中泊町の袰内川。津軽半島の突端、龍飛岬近くの、うねった草原のような荒涼とした景色の中を流れ下る。

袰内川の河口付近の全景。かつてはここに小さなコタンがあったが、今は夏場だけ営業する民宿を除くと、見わたすかぎり人の気配がうかがえない。

南部の山腹を発した、そう大きくはない一本の流れが、ここで日本海へ流入している。袰内川である。袰内は、アイヌ語のポロ・ナイに漢字を当てたもので、ポロは「大きい」、ナイは「川」を意味する。

ただし、ポロには単純に大きいとのみはいえない語義があって、現に袰内川は全長わずか二キロ余りにすぎない。だが、この一帯には、ほかに川らしい川が全くなく、そのような地域にあっては大きいというのであろう。

袰内川は、うねった草原のような荒涼とした景色の中をちょろちょろと流れ下り、河口あたりにやや広い平坦地をつくっている。平成二十八年秋のころ、そこに夏場だけ営業する民宿が建っているだけであった。民家は、もっと高台にあるから、まわりには人の気配がなかった。わたしは、こんなに蕭条《しょうじょう》、空漠とした土地を、ほかに目にした記憶がない。

袰内にコタンがあった文献上の証拠はない。『津軽一統志』に載る「堂《た》つひ村」が、ここであった可能性はあると思う。龍飛崎からわずか二キロの距離であり、周辺では珍しく容易に水が得られるからである。

この想像が誤っているにしろ、袰内にコタンがあったことは十分に考えられる。少なくとも、津軽アイヌたちがここを漁業の基地にしていたことは、その地名からも疑いあるまい。

わたしは、袰内川の河口あたりに立ったとき、狩猟・漁撈民族というものが農耕民族とはいかに異質であるかを思い知った。ここは和人の、どんなに小さな集落にもある、ぬくもりというか穏やかさがないような気がする。手つかずの自然の中に、むき出しのまま放置されているように感じる。和人にも、むろん孤立をいとわない者はいるが、それでもこんな環境に身を置いて生涯を送るのは難しいのではないか。

しかし、アイヌ人は違っていた。ほとんど平気だったらしい。それが証拠に『一統志』に見える一五の集落には一戸とか二戸のコタンが少なくない。「堂つひ村」にも、「けんびし」なる男性を戸主とする一戸があるだけだった。

明治維新後、北海道で彼らの和人化を進めた日本政府は、土地を与えて農業に従事させようとしたが、たいていうまくいかなかったようである。彼らは農を嫌うことが多かった。つくづく無理もないことだったと思う。それは、逆に言えば和人に襲内川のほとりで暮らしていけと言うようなものだからである。

第四章　岩手県三陸海岸に沿って

1　「ホロナイ」と「ホリナイ」

前章末のコラムで取上げた、
・青森県北津軽郡中泊町小泊字袰内《ほろない》
と同趣旨の地名は、東北地方で、このほかに少なくとも二つ確認できる。
・同県十和田市奥瀬の大幌内川《おおほろない》
・宮城県大崎市鳴子《なるこ》温泉鬼首《おにこうべ》　字保呂内《ほろない》と保呂内沢
である。

十和田の大幌内川は、渓流と紅葉で有名な奥入瀬川《おいらせ》の支流である。大幌内川は、すぐ北側の支流、黄瀬川よりも小さい。それなのに、ホロ（アイヌ語ポロ＝大きい、に由来する）の上にさらに「大」まで付いている。これは、なぜなのか。

まず注目されるのは、この川のわずか一〇〇メートル余り南で、小幌内川が奥入瀬川へ合していることである。つまり、大小二つの幌内川の河口が相並んでいることになる。

知里真志保『地名アイヌ語小辞典』の「ポロ」の項に次のように見えている。

〈島でも岬でも湾でも沼でも大小二つの地形地物が並んで存在すると、アイヌはそれを親子連れと見て、大きい方を poro「親の」、小さい方を pon「子の」と言うのである。（中略）川では支流に対して本流を指すことがある。（関連部分のみを引用）〉

要するに、ポロは単に「大きい」の意ではないことがわかる。

十和田の場合、元来は二つ並んだ川の大きい方をポロ・ナイと呼んでいたのだと思われる。小さい方はポン・ナイとでもいっていたのではないか。それがいつのころかに、前者がホロナイと日本語化される一方、後者の名は忘れられていった。さらに年月がたって、ホロナイに「幌内」の漢字が当てられるとともに、「川」の語が付加される。合わせて、小さい川にも名が必要になり、結局、大幌内川、小幌内川として双方を区別することにしたのであろう。

宮城県大崎市鳴子温泉の保呂内沢。江合川上流域の支流の中では、いちばん大きい。

このような例は北海道にもあって、

・厚岸《あつけし》郡浜中町幌戸《ほろと》と奔幌戸《ぽんぽろと》

は、その一つだといえる。「ト」は「沼、湖」のことだから、ホロト（幌戸）は「大沼」、ポンポロト（奔幌戸）は「小さな大沼」の意になる。

前記辞典は、この点について、

「ポロトが固有名詞化してのち、その子沼としてポン・ポロトと呼んだのであろう」
と説明している。

鳴子温泉の保呂内沢は、ぐっと南へ下がって宮城県北部に位置する。

この沢は江合川《えあい》（北上川水系）の支流である。そう大きな流れではないが、江合川の源流から軍沢川《いくさざわ》との出合までのあいだにある十数本の支流の中では、いちばん大きい。だから、ポロ・ナイの名が付いたのであろう。

以上によって、右の三つのホロナイがアイヌ語に由来することは疑いあるまい。

この地名あるいは川名は当然、北海道にも少なくない。金田一京助氏の「北奥《ほくおう》地名考」という論文（発表は一九三二年）では、道内に三三ヵ所を数えるとされている。次は、そのいくつかの例である。

・勇払《ゆうふつ》郡厚真《あつま》町字幌内《ほろない》と幌内沢
・深川市幌内《ほろない》と幌内川
・中川郡幕別《まくべつ》町虫類《ちゆうるい》　幌内
・紋別郡雄武《おうむ》町字幌内《ほろない》と幌内川

地名と川名がセットになっているのは、川の名をもとにして地名ができたからである。それは鳴子温泉の保呂内と保呂内沢の場合も変わらない。

ともあれ、北海道の三三ヵ所（実際は、もっと多いのではないか）に対して、東北の三ヵ所は、やや少なすぎる感じがする。

その原因の一つは、東北ではホロナイが訛ってホリナイになったことによると思われる。実際、「堀内」と書いて「ほりない」と読む地名は東北には、なかなか多い（「ほりうち」も皆無ではない）。わたしは既刊の拙著『アイヌ語地名と日本列島人が来た道』の三七ページに一〇例を列挙しておいた。ここに再掲するのは煩雑に堪えないので、そのうちの三つだけを紹介しておきたい。

- 岩手県久慈《くじ》市小久慈町字堀内《ほりない》
- 秋田県鹿角郡小坂町小坂字堀内沢《ほりないさわ》
- 同県仙北《せんぼく》市西木町上桧木内《ひのきない》字堀内《ほりない》と堀内沢

これを含めて一〇ヵ所は、いずれもアイヌ語のポロ・ナイを語源としている可能性が高い。

なお、東北南部より南におびただしいホリウチ（堀内）およびホリノウチ（堀ノ内）の地名は、堀に囲まれた土地を指している。そのほとんどは、中世領主の城館か屋敷地のまわりに巡らせていた防御用の堀である。つまり特別の堀で、この地名が付く場所には、しばしば中世の土豪の居館があった。その点で、いまは同じ文字を用いていても、ホリナイとホリウチとは簡単に区別がつくことが多い。

2　岩手県下閉伊《しもへい》郡普代《ふだい》村字堀内《ほりない》

平成二十八年（二〇一六）の秋、わたしはアイヌ語に由来すると思われる地名が付いた場所を訪ね歩いていた。

岩手県の北部、三陸海岸に面した、

・下閉伊郡普代村字堀内

も、目的地の一つだった。

ここへは十一月十四日の朝早く着いた。東北北部では、冬がもうそこら辺にまでしのび寄っていて、とても寒かったことをおぼえている。

堀内は、正式の住居表示上は普代村第二一地割という。これは岩手県の一部に独特の地名表記だが、とにかく、堀内はやや広い範囲を含み、もっとも民家が多く集まっているのは、三陸鉄道リアス線堀内駅の周辺である。

しかし、この地名のもととなったのは、おそらく小さな丘を南東へ越した、字沢向《さわむかい》（第二二地割）との境に位置する谷沿いの小集落であろう。いや、そこを縦に貫いている川であったに違いない。その流れは、いま沢川といい、この一帯ではホリナイすなわちホロナイ（ポロナイ）に当たる川は、ほかにないからである。

沢川は全長が四キロほど、南西から北東に向かって、かなり急な傾斜を流れ下り、名を確認できない小さな船溜まりで太平洋に落ちている。周辺のアイヌ人が、これをポロ・ナイと呼んでいたのだと思われる。

その名は地名の堀内に残って現在に至ったが、川そのものの名は、いつのころかに忘れられたのである。そうして、住民はただ「沢」といっていた。これ以外に流れは全くないのだから、それで十分だった。これに「川」を付け加えたのは、明治維新後、全国の地形図の作成を担当した旧陸軍陸地測量部（現国土地理院の前身に当たる）の技官ではなかったか。彼らは、どこによらず川の名には、語尾に「川」と付けるものだと思い込んでいたふしがある。

そもそも、「沢川」は固有名詞とはいいがたい。そんなずさんな名が付いているのは、右のようないきさつでも考えないかぎり、理解できないような気がする。

沢川に沿って一〇戸ばかりの民家が並んでいる。午前七時ごろであったろう、そのいちばん上の家の庭先に一人の男性が立っていた。八〇歳前くらいの年齢に見えた。

「この前の川は何という名でしょうか」

わたしは挨拶のあと、そう訊いた。「堀内川」という答が返ってくるのではないかと思っていたが、違った。それから二、三のやり取りがあって、たずねられるままに、わたしはアイヌ語地名のことを調べていると言った。そうすると、男性は、

岩手県普代村堀内の沢川と沢沿いの家並み。

「堀内にはアイヌ人の子孫が住んでいますよ」

と言い、つづけて次のような話をしてくれた(以下は文章体で記す)。

「ここには小丹《こたん》姓の家が二軒ある。小丹姓は普代村全体でも、この二軒しかない。その人たちはアイヌ人の子孫だ。アイヌ人といっても、四代も五代も血がまじれば、普通の日本人になる。とくに髭が濃いわけでもなく、見た目は日本人と変わらない。わたしの妹は、その一軒に嫁い

でいる。堀内では畑から石の矢尻がよく出てくるが、アイヌが使っていたのではないか」

男性の理解では、その家の人びとが和人と縁組みを始めたのは、四代か五代前すなわち一〇〇年か、せいぜいで一五〇年ほど前だったことになる。つまり、それまでは彼らは自他ともに認めるアイヌ人だったと考えているようであった。

なお、男性はコタンがアイヌ語で「集落」を、ポロが「大きい」を意味することは知らなかった。男性の話は意外で、わたしは不意をつかれたような気がした。この時点では、わたしは東北地方に、そう古くないころまでアイヌ人が居住していたということを文献でも聞取りでも、ほとんど見聞していなかったからである。

男性は寒そうであった。空の様子でも眺めるために、ちょっと外に出てきたのではなかったか。わたしも寒かった。これらが重なって、もっと突っ込んだ質問をためらわせた。わたしは、ほんの六、七分で、そこを辞去した。

しかし、このあと振り返るたびに、あの話は、もっと詰めてみる必要があるとの思いが強くなった。わたしは再訪を期して堀内を離れた。それが実現したのは五年もたってからのことだった。

3　近年も北海道アイヌ人と交流があったか

令和三年の十月上旬、二度目に訪れた沢川沿いは、見たところ五年前とどこも変わっていないように感じた。

わたしは早速、男性の家を訪ねた。ところが男性は、この前年に亡くなっていたのである。行年《ぎようねん》で八三歳だったという。

「脳出血でした」

沢川をはさんで対岸の広場で、ワカメ養殖用の網をつくろっていた息子さんは、そう言った。

わたしは、おくやみを述べて、そばの石に腰を下ろした。

息子さんは作業をつづけながら、しかし、こちらの問いに、ごく率直に答えてくれた。このときになって初めて、わたしは男性の家がH姓であること、男性は昭和十三年（一九三八）の生まれだったことを知った。息子さんは同三十六年（一九六一）の出生である。いま、その名をH・Sとしておこう。

Sさんは満の六〇歳だったが、染めてはいないのに髪が真っ黒であった。顔の彫りは、かなり深かった。

わたしは、五年前の朝、Sさんの父親から耳にしたことをSさんに話したあと、小丹姓の二軒の家の先祖が、なぜアイヌ人といわれているのかと訊いた。これが、わたしが堀内再訪に際して、いちばん気になっていたことだった。

「小丹さんがアイヌの子孫だという話は聞いたことがありますが、どうしてそういわれるのか俺にはわかりませんねえ。顔だって、そんな感じはしませんし……。二軒は本家と分家で、ここでは古い家ですよ。ただ、分家が増えなくてね、ずっと二軒だけです。小丹さんも、うちも昔から漁業で、いまもそうです」

「小丹」は、非常に珍しい姓のようである。あるいは、ほかには全く例がないかもしれない。これは、その姓が明治維新後の新戸籍制度の発足に際し、新たにつくられたらしいことを強く示唆している。

江戸時代まで、平民は正式に姓を名乗ることを許されていなかった。それは、姓がなかったということではない。ちゃんとあったが、人別帳など公式文書には記されなかったのである。

明治五年（一八七二）に編製が始まった、わが国で初めての近代的な戸籍である「壬申《じんしん》戸籍」には、もちろん姓が書き込まれていた。全国民が、たとえ嫌でも姓を名乗らざるを得なくなったといえる。

その折り、多くの者は江戸期から使っていた、いわば慣習上の姓を正式の姓としたようである。しかし、それをあえて変えて、自分が考えた姓を届け出た人びともいた。また、そうは多くなかったと思うが、もともと姓がない人もいて、その場合には新たにつくったらしい。

今日、珍姓、稀《き》姓とされるものには、そのようにして付けられた姓が珍しくない。富山県射水《いみず》市新湊地区（旧新湊市）の釣《つり》、魚《さかな》、海老《えび》、網《あみ》、波《なみ》などは、富山湾に面した地域の住民がえらんだ新姓の典型例であろう。

話をもとにもどすと、まわりの者たちからアイヌ人の子孫といわれている東北地方北部の人たちには、稀姓が散見される。その例は、のちに挙げることにしたい。

既述のように、コタンはアイヌ語で「集落」のことである。明治の初め堀内にいた、おそらくせいぜいで数戸のアイヌ人のうちの一戸が、その言葉を自らの新しい姓として村の戸籍係に届けたのだとしたら、Hさん親子の話とつじつまがよく合うことになる。

「アイヌ人といえば、白井のKさんは北海道からアイヌの女性を妻に迎えましたねえ。どんな縁があったのか、俺は知りません。その女性は顔の彫りが深く、見るからにアイヌ人って感じでしたよ。色は黒い方でした。Kさんは、親父と同じくらいの年でしたから、いま生きてたら八〇代の半ばくらいになるでしょう」

普代村字白井は、堀内から南東へ二キロほどの集落である。

北海道のアイヌ人女性と結婚した人は、白井からさらに四キロばかり南の同村字黒崎にもいた。

「子供のころ、黒崎はアイヌ人部落だと聞いたことがあります」

とSさんが言ったので、わたしは翌日、そこへ行ってみた。Sさんの話の裏付けは取れなかったが、後述のように、途中で道をたずねた年配の男性から、たまたま右のようなことを耳にしたのである。

いずれの縁組みにも特別の意味はないかもしれない。二つの集落の男性が、何かの折りに偶然、北海道のアイヌ人女性と知り合い、嫁に迎えただけということも、むろんあり得る。

だが、北海道アイヌ人は第二次大戦後で、どんなに多めに見積もっても、その人口が二万を超すことはあるまい。その中の若い女性が、三陸海岸沿いの小さな村の男性と近づきになる機会は、そうめったにないのではないか。二組の結婚は、何らかの縁故によるのでは、と考える方が常識的なように思われる。もし、そうであったとするなら、普代村の海べりの小村と、北海道のアイヌ人社会とのあいだに近年まで行き来があったからであろう。それは、普代村のこの一帯に、かってコタンがあったことによるのではないか。

以上は、むろん想像であって、それを裏付ける何の証拠も、わたしはもっていない。

4 リアス式海岸の小さな船溜まり

普代村堀内を再訪した翌日の朝、わたしはまず黒崎を目ざした。

「子供のころ、黒崎はアイヌ人部落だと聞いたことがある」

というH・Sさんの話が気になっていたから、白井より先に行ってみることにしたのである。

途中、字銅屋《どうや》の村役場の前で、わたしは散歩中の男性に声をかけた。

「黒崎へ行くのは、この道でいいんでしょうか」

カーナビの指示どおり走っていけば着けることは、わかっていた。しかし、黒崎で「ここはアイヌ人の村だったんですか」とは、なかなか訊きにくい。それで男性から、何か情報が得られないかと思ったのである。

「黒崎は、いま五〇戸くらいでしょう」

のちに「八〇歳を過ぎた」と言ったその人は、道を教えてくれたあと、わたしの問いにそう答えた。

「黒崎には昔、アイヌ人が住んでいたんですか」

「そういう話は耳にしたことがありませんがね、ただ、だいぶん前に北海道のアイヌ人と結婚して、黒崎へ連れ帰った男はいましたねえ」

岩手県普代村黒崎の家並み。元来は漁村だが、津波にそなえた立村で標高は200メートルほどもある。

「その男性は、まだお元気なんですか」

「元気ですが、独り暮らしです。相手が死んだという話も聞きませんのでね、離婚したんじゃありませんか」

男性は、このあと低い声で、

「アイヌなんかと夫婦になって、うまくやっていけるはずがない」

と吐き捨てるようにつぶやいた。

わたしは東北各地でアイヌ人について語る老若男女に何十人も会ったが、これほど露骨な言葉を口にした人は、ほかには全くいなかった。全体に穏やかだった男性の意想外の激しい口ぶりに、わたしは後味の悪さを覚えながら、ともかく黒崎に向かった。

黒崎は直接、海に面しているわけではない。太平洋を見下ろす標高二〇〇メートル前後の高台に位置している。もちろん、津波にそなえてのことであろう。

前面の三陸海岸は、複雑な地形の断崖つづきである。とはいえ、大きな入り江はない。わずかな切れ込みがいくつかあり、そのうちの二つに黒崎漁港、弁天漁港の名が付いている。実際は港といえるようなものではなく、波けしブロックに囲まれた小さな船溜まりである。ある時代までの黒崎の漁民がアイヌ人であったにしろ、和人であったにしろ、そこから小舟を出して、漁にしたがっていたに違いない。当然、そう大規模なものではあり得なかったろう。その船溜まりのたたずまいは、堀内の沢川の河口や前に紹介した、

・青森県北津軽郡中泊町小泊字袰内《ほろない》

に似ていた。

黒崎は周辺からは孤立しているが、五〇戸ほどとやや大きな集落である。しかし、その割には人の姿が少ないように感じた。働き盛りの者たちは、多くが仕事を求めて他所へ出ているのではないか。

声をかけられる適当な住民に出会えないまま、わたしは村の共同墓地へ行ってみた。ここに、どんな姓があるのか知りたかったのである。その中に「M」という、きわめて珍しい姓があった。アイヌ人と何らかのかかわりがあるらしい僻陬《へんすう》の集落――海沿いの漁港ともいいがたい船溜まり――そこに残る稀姓、これらは沢川沿いと共通している。むろん、だからといって、黒崎にかつてコタンがあった証拠にはならない。が、その可能性も捨てきれないと思う。

二、三度、車で村の道を行き来してみたが、やはり話しかけられそうな人は見なかった。わたしは、この近くでもう一つ訪ねるつもりだった久春内《くしゅんない》へ向かった。かつてこれと全く同じ地名が、

樺太南部の西岸にあった。現在はロシア領のサハリン州イリインスコエとなっている。二つが発音ばかりか、当ててある漢字まで同じことが気になっていたのである。

久春内は、黒崎から南へ三キロたらずのところに位置する。正式の住居表示では、

・岩手県下閉伊郡田野畑《たのはた》村北山

だが、国土地理院の地形図などには、北山とは別に「久春内」が載っている。

久春内は、小規模な分譲宅地に、都市郊外のニュータウン風の住宅が一〇戸ばかり並ぶ集落であった。その中の真っすぐに延びた道を歩いてくる高齢の女性がいたので、わたしはためらわずに声をかけた。女性は、わたしの問いに答えて、ぽつりぽつりと次のような話をしてくれたのだった。

「わたしは昭和九年（一九三四）に明戸《あけと》（ここから四キロくらい南西）で生まれ、北山（五〇〇メートルほど西）へ嫁に来ました。婚家は、この一帯に二〇町歩（一町は三〇〇〇坪）くらいの土地をもっていたんですが、樺太からの引揚者たちのために、一部が買収されました。ええ、ここは引揚者が集まった部落なんですよ。そうですか、樺太にも久春内というところがあるんですか、それは知りませんでしたねえ」

この小村の全戸が樺太の久春内からの移住者かどうか、わからない。しかし大半は、そうではなかったか。だからこそ、旧居住地の地名を、そのまま付けたのであろう。わたしは黒崎についても女性に訊いた。

「黒崎がアイヌの子孫たちの部落だという話は、聞いたことがありませんねえ」

女性は首をかしげながら、そう答えた。

帰りがけに白井に寄った。ここも海からやや離れた高台に位置して、標高は一二〇―一五〇メートルばかりである。地先のリアス式海岸に、やはり小規模な船溜まりが設けられているが、とくに名は付いていないのではないか。ただし、白井の漁民は、四キロほど南東の、役場に近い太田名部《おおたなべ》漁港を使うことが多いようである。

白井の住民で、北海道アイヌ人を嫁に迎えていたという男性の姓は、ここには六、七戸か、それ以上あるらしい。プライバシーに深入りしすぎるような気がして、わたしは、そのうちのどの家か調べずに、この村をあとにした。

5　久慈《くじ》市の久喜《くき》と小袖《こそで》

下閉伊郡普代村の次に、わたしが目ざしたのは、三陸海岸沿いに堀内から北へ一〇キロほどの久慈市宇部町久喜と、さらに北へ四キロばかりの同町小袖であった。二つとも、久慈市街の南東で太平洋へ向かって、ゆるやかに突き出した「三崎」という名の岬の、首に当たるような海べりに位置している。

わたしが、ここへ行ってみたいと思ったのは、『喜田貞吉著作集14』の三八八ページに見える「学窓日誌」の昭和三年（一九二八）八月の項の次の一節による。

「仙台の寓居《ぐうきょ》へ帰ってみると、盛岡の橘正一という方から通信が届いている。郷土研究、特に方言研究に熱心な青年らしい。

岩手県九戸郡の海岸にある久喜、小袖の二部落は、他と婚姻を通ぜず、目色が黄色であるとか、女は老幼とも赤い布を身につけているとかして、他と著しく風俗を異にし、自他ともにアイヌの後裔と認めているということです。一度御踏査の必要があると思います。また稗貫《ひえぬき》郡花巻町（花巻市＝編集者の注）の西在にツチヤマキ（穴居族の血統＝原注）といって、アイヌの遺孽《いげつ》があるとのことですが、場所が明らかでないのは遺憾です。云々」

これには、つづきがある。次は、同巻四四六ページからの引用である。

「（昭和五年）一月二十七日（月）。かつて橘正一君から報告のあった岩手県久喜、小袖の両部落につき、八戸の小井川潤次郎君に調査を御依頼しておいたところ、本日左の報告を賜わった。

（上略）かねて御下命有之《これあり》候岩手県九戸郡久喜小袖両部落の件、方々へ書面出し置《おき》候も返事無《これ》之《なく》、延引致し居《おり》候処《ところ》、今晩友人にて同地へ参りたる事あるもの偶然参り、いろ〳〵話を承り申候。

久喜は三十戸程の半漁半農の村にて、部落民は一見しても区別され得べく、眉と眼との接せる事、眼球の色の異なれる事、アイヌ〳〵と久慈辺にては特殊に取扱ひ候為《ため》、結婚等は小袖との間に於《おい》てのみ取り結ばれ居る由《よし》に候。たゞいづれも性剽悍《ひょうかん》と申すべき由に御座候。墓地は居宅の近所に個々に営みたるも、近年は漸く一所にまとまり、金蓮銀蓮などの花を用ふる様に相成りたれど、其の以前はいろ〳〵の布帛《ふはく》等を、墓の周囲に縄などにて下げありたりと申し居り候。何分発動汽船の発達により、旧態を失う事 速《すみやか》なる故《ゆえ》、今のうちに観て置く方よろしかるべくとの事に御座候。（下略）」

小井川潤次郎氏の友人のいう「久喜は三十戸程」は、おそらく昭和のごく初期のことであろう。現在、同所は二三〇戸を超すようで、その増加分の大半は外部からの流入によると思われる。都会の近くにあるわけでもない半農半漁の村の世帯数が、一〇〇年たらずのあいだに、自然増だけで八倍くらいにもなるとは考えにくいからである。

そのとおりだとするなら、たとえ一世紀ばかり前に住民の中に、容貌が和人といくらか異なる者がいたとしても、その痕跡を今日に残している例は、ほとんど皆無とみてよいのではないか。実際、わたしは車でここを何度か行き来したが、そのような特徴の人を見かけることはなかった。

そもそも、小井川氏の友人が話した「眼と眉との接せる事」「眼球の色の異なれる事」「性剽悍と申すべき由」のいずれも、すこぶる主観的かつ抽象的で、もし別の人間が見たら、

「そんなことは全くなかった」

と、なりかねない性質のものだといえる。

喜田貞吉も、これについて、

「顔付が違うの、眼の色が違うのなどと隣人に言われているものでも、実地に臨んでこれを観察すると、何もそう著しいもののないのが常で、かえってこれを差別している隣人等の中に、時にいっそう著しい特徴を有するものを見ることがある」

久慈市久喜の家並み。昭和の初めごろには30戸ほどだったらしいが、いまは230戸を超している。

と付け加えている。

一方の小袖は現在、一八〇戸ほどである。久喜は海岸の近くから背後の丘の上へ向かって民家が建て込んでいるが、小袖は後背の崖の上に建つ家が多い。小袖は海岸以外はどこも急坂だらけで、車がすれ違うのにも難儀する。いずれの集落も、その立地は津波にそなえてのことであろう。

小袖にも、わたしが気づいたかぎりでは、コタンの面影を残すものは何もなかった。なお、ここは「北限の海女の村」として知られている。この点については、本章の7節で、改めて取上げることにしたい。

6　アイヌ人社会があったことは間違いない

久慈市の久喜や小袖の周辺には、アイヌ語地名が少なくない。それは、ここら辺に、かつてアイヌ人が地名を残すほど濃密に分布していたことを示している。その例を、まず二つの集落に近い河川の中から挙げておきたい。

・長内川（おさないがわ）

久慈市街の南西山中に源を発し、二〇キロほど下流で久慈川に合したあと、三キロばかり先で久慈湾に流入している。河口は小袖から北西へ六キロくらいしか離れていない。

この名は元来は、いまの長内川そのものではなく、支流の小屋畑《こやはた》川を指していたようである。それは小屋畑川の下流沿いに上《かみ》長内、中長内、下《しも》長内の地名が残っていることによって裏付けられる。どうやら、いつの間にか、支流の名が本流に移ってしまったらしい。

オサナイはオ・サッ・ナイ（川尻が・乾く・川）と考えて、まず誤りあるまい。小屋畑川の下流、長内川との合流点の手前は、ふだん本当に水が涸れきっているからである。

・堀内（ほりない）

それでは、長内川の方は、もともと何と呼んでいたのか。わたしは、ホロナイだったと思う。ホロナイは既述のように、ポロ・ナイが日本語化した言葉で、「大きな・川」の意である。長内川は久慈川よりは小さいが、なかなか堂々たる流れで、その語義どおりの川だといえる。

右に記したことは単なる推測ではない。河口（久慈川との合流点）から五キロほど上流の右岸（南岸）に「堀内《ほりない》」の小地名があり、これは川の名が地名として残ったのだと考えられる。つまり、普代村の堀内と同じいきさつによってできた地名であろう。

・遠別川（とおべつがわ）

久慈川のクジは語義も、アイヌ語か日本語かも不明である。しかし、この川の上流域を呼ぶ遠別川のトオベツがアイヌ語に由来することは、疑いなきに近い。トオベツはトー・ペッの変化した音だと思う。トーは「沼、湖」、ペッはナイと同義で「川、沢」を意味する。ペッは日本語化するとき、原則としてベツとなり、ほとんどの場合、「別」の字が当てられる。これが付いた川名、地名は北海道には無数に存在し、東北にも珍しくない。

それでは、遠別川には「沼・湖がある川」に相当する場所があるのだろうか。同川の源流から七、八キロばかり下った久慈市山形町霜畑《しもはた》字関のあたりは、山中にしてはかなり広大な低湿地になっており、水田も発達している。ここが昔は沼か沼地であった可能性は十分にある。この一帯を指して、いつのころかにトー・ペッ（沼がある・川）の名が付けられたのではないか。

・明内川（みょうないがわ）

久慈市の南隣、九戸郡野田村の北部で、南西から北東に向かって流れ、宇部川に合したあとすぐ太平洋に入っている。全長は七キロ前後であろう。河口は、久喜の中心部から南西へ三キロくらいになる。

ミョウナイのナイは、アイヌ語のナイだとみられる。ミョウの意味は、わたしにはわからない。おそらく、もとの音からかなり訛っているようである。

語義不明では、地形、地物の特徴が、その名に合致するかどうか確かめようがない。したがって、アイヌ語の可能性が高いとはいいきれないことになる。実は、このような例は北海道のみならず東北にも非常に多いのだが、それでも日本語では、まず解釈不能で、音も日本語ばなれしている地名が、まわりにも少なからず見られる場合には、いちおうアイヌ語だと判断しておくことも許されるのではないか。

次は、アイヌ語であることに一点の疑問もない地名の話である。

・久慈市宇部町田子沢（たっこざわ）

第二章4節でも簡単に触れておいたように、タッコはアイヌ語タプコプが日本語化した言葉である。その正確な音は、ローマ字でつづれば「tapkop」で、片仮名だと「タㇷ゚コㇷ゚」と表記する人も多い。

知里真志保『地名アイヌ語小辞典』では、

「①離れてぽつんと立っている円山。孤山。孤峰②尾根の先にたんこぶのように高まっている所（関連部分だけを引用）」

とされている。山田秀三氏も、これとほぼ同じ見解をもっていた。

卑見は僭越ながら、これとは少し違う。形状は東北地方にかぎれば、むしろ三角山が一般的で、タプコプは信仰の対象になっていただけでなく、そこを望むのに適当な場所すなわち遥拝所をも含む概念であった。

既述のように、わたしは拙著『アイヌ語地名の南限を探る』に一五ヵ所のタプコプ地名を列挙し、それぞれの写真も載せておいた。分布図は第二章4節に再掲してある。それらをみな見て歩いた結果、遥拝所にも、しばしば同じ名が付くと考えるほかないと判断したのだった。宇部町の田子沢は、その一五ヵ所には入っていない。当時は気づいていなかったからである。

ここは久喜の西南西四キロほどの宇部川沿いに位置している。地名に沢が付くのは、それゆえであろう。いまは、樹木が密生した低い丘の麓の集落名になっているが、この丘はおよそタッコの要件をそなえておらず、また聖山らしい山も四周に見当たらない。

これに似たことは、すでに何度も経験していたので、わたしは少し離れたところへ移動した。そうすると、はるかかなたに、きれいな三角山が二つ並んでいるのが望見できたのだった。

「ははあ、あれだな」

と、わたしは一人でうなずいた。

そこは田子沢集落から北東へ三〇〇メートルばかりの宇部川べりであった。元来のタッコ沢は、この辺を指していたが、それがいつのころかに集落の名に移ったのだと思われる。そばの宇部町中田へ行ったところ、一軒の家から高齢の女性が出てきた。

「すみません、あの山は何というんでしょうか」

と、わたしは訊いた。

「あれはね、左がオワサラビサン、右がメワサラビサンですよ」

昭和十年（一九三五）生まれだという女性は、そう即答した。

久慈市宇部町田子沢のあたりから男和佐羅比山（左）と女和佐羅比山を望む。

持参していた五万分の一図を見ると、一〇キロくらい南南西に男和佐羅比《おわさらび》山（八一四メートル）と女和佐羅比山（七四六メートル）が相並んで載っている。双子形の三角山は、どこでも信仰の対象になりやすい。宇部町のタッコは、それを遥拝する場所に付いた地名の可能性がきわめて高いと思う。

・久慈市大川目町田子内（たっこない）

は既刊の拙著に紹介ずみだが、ここはいま黒森と呼ばれている三角山の南東麓に位置する集落名である。集落からは黒森は全く見えない。しかし、地内を流れる田子沢が一キロほど南東で久慈川に合するあたりまで下ると、北西方向に三角山が望める。

ここもやはり、もとは合流点の付近にタッコナイ（タプコプ・ナイ）の名が付けられていたのであろう。それが支流沿いの村の名に移動したのだと思われる。

7　北限の海女とアイヌ文化

現久慈市のあたりに、かつてコタンが存在していたことは、この一帯に分布するアイヌ語地名から明らかだが、問題は、それがいつまでつづいていたかである。これに答えようとするとき、いまは同市が北限とされている潜り漁（潜水漁業）の歴史が手がかりの一つになりそうである。平成二十五年（二〇一三）、NHKの朝の連続テレビ小説で、「北限の海女」をモデルにした「あまちゃん」が放送されて以来、主要なロケ地であった小袖海岸は、その故郷《ふるさと》のようにいわれることも多くなった。それには、市や現地の観光政策もあったろう。現在、宇部町小袖には「北限海女の道」記念碑と「あまちゃんロケ地」記念碑が並んで建てられている。

潜り漁といえば、一般には西日本が中心だと考えられているのではないか。実際、九州各地や三重県などには海人《あま》（海女《あま》と男海士《あま》を合わせて、この文字を用いておく）文化で知られていた漁村が少なくなかった。

この文化の詳しい分布範囲は明らかにしえないが、民俗学者の宮本常一氏は『海に生きる人びと』（一九六四年、未来社）の二六ページで、『延喜式』（九二七年に成立した法令・制度集）に見える、諸国から朝廷への海産物の貢納状況から、

「日本海岸の石川県以北と太平洋岸の茨城県以北で、アワビを献上しているのは佐渡だけであ

り」

　と述べて、石川県と茨城県より北では、新潟県の佐渡島を除けば、

「その頃までもぐって魚介をとる人はまだ住んでいなかったと推定せられる」

　としている。

　たしかに、中、近世に至っても東北地方の潜り漁が文献に現れることは、かなり珍しいようである。しかし、ないわけではなかったらしい。少なくとも、江戸時代になってからのことは、確実な資料によって裏付けられる。その代表例が、前にも取上げた『弘前藩庁日記』(『津軽藩日記』とも)である。再び、『喜田貞吉著作集9　蝦夷の研究』の四五七ページ以下から引用させていただく。

『藩庁日記』の延宝五年(一六七七)三月八日の項に、

「今別カフタイン、ルテルケ、ユキタイン、ヘリキハ。御台所迄《まで》串貝五連、鮑《あわび》三十、栄螺《さざえ》四十一差上《さしあぐ》(以下略)」

　とあり、その謝礼に藩から四人の狄《えぞ》に、それぞれ米二俵ずつが下賜されたことが見えている。今別は、ここでは現青森県東津軽郡今別町あたりの津軽海峡に面した海岸一帯を指していると思われる。今別町今別だけのことではあるまい。

　右のうち、カフタイン、ルテルケ、ヘリキハ(別の個所にヘキルハ、ヘルキバなどとも表記されている)は、これから八〇年近くものちの宝暦五年(一七五五)の「外之浜上磯狄切支丹《きりしたん》御改人数書」(人別帳)に載るカプタイヌ、ルテルケ、ヘキリパと同名に違いない。つまり、何代に

もわたって襲名されていた名前であろう。

ともあれ、少々の海産物に対して、合計八俵（一俵は六〇キロほど）の米は、謝礼または事実上の商取引の対価としては過大にすぎる。アイヌへの救恤《きゅうじゅつ》の意味があったのではないか。なお、串貝《くしがい》は干しアワビのことらしい。

延宝九年（一六八一）三月十六日には、

「貝之玉大小二、今別村狄万五郎 上レ之《これをたてまつる》」

とあり、やはり万五郎に米二俵が下されている。「貝之玉」とは、アワビの中にできた真珠を指すようである。

貞享五年（一六八八）五月二十八日の項では、

「今別之狄、真珠 合《あわせて》四、就二差上候一《さしあげそうろうにつき》」

と、はっきり真珠の言葉が使われている。

『藩庁日記』には、右を含めて延宝五年（一六七七）から元禄十五年（一七〇二）のあいだに、「串貝」「串鮑」「鮑」「栄螺」「貝之玉」「真珠」などだけで、二〇回を超す狄からの献上が記録されている。

これらは、みな潜り漁でしか採取できない海産物で、江戸時代前期の外ヶ浜のアイヌ人が、その漁法に通じていたことに一点の疑いもないといえる。すなわち、津軽アイヌには海人文化が厳然と存在していたのである。

それがいつごろ、どこから、どのようなルートで伝わったのかわからない。しかし、東北地方南部の太平洋岸にも、日本海側にも海人文化があったことが確認できないらしいこと考えると、いまの茨城県や石川県などから海沿いに北上したのではなく、もっと別のルートによるのではないか。

この推測が当たっているとしたら、久慈市周辺の潜り漁も関東や北陸からの伝播ではなくて、東北北部のアイヌ人が、いつのころからか自らの文化として身につけていた漁法の残存であるように思われる。

津軽藩にアワビとか真珠を献上するため弘前を訪れていたのは、外ヶ浜のアイヌ人男性であった。だからといって、それらを捕獲していたのも男性だったとはかぎらない。ただ、そうであっても少しも不思議でないとはいえる。

久慈市小袖漁港の夫婦岩。いつとも知れないころから信仰の対象になっている。

「北限海女の道」碑の横に立つ説明板によると、久喜や小袖の海人は江戸時代には、みな男性であったという。それが女性に変わったのは、明治以後のことであった。これも、北三陸の潜り漁が、かつてはアイヌ人によってになわれていたことを示しているのではないか。

喜田貞吉が小井川潤次郎氏から受け取った手紙によれば、昭和の初めごろ、久喜の住民の結婚は小袖とのあいだでのみ行われていたと耳にした人がいる。その当時、両村のもっとも重要な生業（の少なくとも一つ）は、潜り漁であった。大正八年（一九一九）には、小袖だけで干しアワビが俵詰めで一日に五五俵も出荷されていた。これは右の説明板に見えていることだが、ちょっと信じがたいほどの数字で、あるいは何かの間違いを含んでいるかもしれない。

とにかく、そのころであってさえ、アイヌに由来するとおぼしき海人文化が濃密に残っていたことや、縁組みが制約されていたらしいことなどから考えて、それから五〇年か一〇〇年くらい前までは、アイヌ人の子孫と周囲から見られ、自らもそう意識していた集団が久喜や小袖に居住していた可能性は十分にあると思う。

【コラム】④　アイヌ語地名の特徴

永田方正《ほうせい》という人がいた。

天保九年（一八三八）、伊予西条藩士の子として江戸青山の藩邸で生まれている。昌平坂学問所（神田にあった幕府直轄の教学機関）で学んだあと、文久元年（一八六一）に西条藩の侍講になった。

明治維新後は英書の翻訳などで生活していたが、明治十四年（一八八一）、開拓使（という官庁）に採用されて北海道へ渡り、函館商船学校、函館師範学校で教壇に立ったりした。遊楽《ゆうらっ》部《ぷ》（現在の二海《ふたみ》郡八雲町）でアイヌの教育に従事した時期もあった。

明治十六年に函館県令の命を受けたのを皮切りに道内のアイヌ語地名の調査に着手、引きつづき北海道庁長官の委嘱を受けて範囲を広げ、同二十四年（一八九一）、『北海道蝦夷語地名解』を道庁から刊行している。

永田が調査に当たったころは、アイヌ語を日常的に使用していた人びとが、いくらでもいた。アイヌ語は、まだ生きた言語だったのである。永田は、西洋からもたらされた近代音韻学の知識を身につけており、そのような人物が、生まれたときからアイヌ語を使って暮らしていた住民に取材をつづけて完成させたのが同書であった。ここに略称「永田地名解」の資料的価値がある。

東北地方の「ナイ」地名の一つである、秋田県北秋田市阿仁（あに）笑内（おかしない）の家並み。アイヌ語で「オ・カシ・ナイ（沢尻に・仮小屋ある・沢）」の意らしい。

そこに収められている地名数は、およそ六〇〇〇で、その一つひとつに語源と意味が付されている。もちろん、今日の水準からすれば誤りや疑問を指摘されているところはあるが、北海道の地名を研究する者には必須の基本文献としての地位は、いまだに失われていない。

なお、同書の表題の「蝦夷語」は何と読むのか、わたしにはよくわからない。「えぞご」かもしれないが、緒言中に「あいぬ語」の表記が何度か出てくるので、「あいぬご」の可能性が高いのではないか。

「永田地名解」には索引が付いていない。北海道の国郡別に地名を並べ、それに意味などを書き加えているのである。

アイヌ語地名研究者の山田秀三氏は、これを精査して自ら索引を作り、その総数を六〇五二と計算している。そうして、そのうちの一四一六（二三％）に「ナイ」が、六二九（一〇％）に「ペッ」が、五二八（九％）に「ウシ」が付くことを確かめたのだった。

ナイもペッも、既述のように「川、沢」を指す。この両語は分布に多少のかたよりが見られるものの、語義には、これといった差はないようである。その二つが、なぜ併存しているのか、はっきりしたことは未詳とされている。

ウシは山田氏によると、（名詞のあとについて）「群生する、群在する、ついている」の、（動詞のあとでは）「いつも……する」の意になるという。このウシと同じ用法の言葉は、日本語にはないと思う。

とにかく、右によって北海道の全地名の、ざっと三分の一が「〇〇川」「〇〇沢」であることがわかる。その中には、川の名がそばの集落の名に移った例も含まれている。つまり、いまでは純然たる地名になっていても、もとは川の名であったものが少なくない。アイヌは、まさしく「川の民」であった。

東北地方については、そのような精密な数字を出す方法がない。それでも、ナイがもっとも多いことは間違いないのではないか。文字は、ほとんど例外なく「内」が当てられている。

一方、ペッは、わたしの印象では、ナイよりだいぶん少ないように感じる。北海道の場合はナイとペッの比率は二対一に近いが、東北ではその差は、ずっと大きいようである。理由は、はっきりしない。

ペッは、北海道でも東北でも、原則として「別」と書かれる。ただし、そうではない例ももちろんあって、青森県八戸市で太平洋に注ぐ馬淵《まべち》川の淵（べち）は、おそらくペッに由来するようである。東北北部以外の住民の中には、これをマブチと読む人も少なくあるまいが、現地ではたいていマベチと言っている。

第五章　北上山地での聞取りと記録から

1 「家の裏にアイヌ人が住んでいた」

令和三年の十月上旬、わたしは岩手県久慈市山形町の伊茂屋山《いもや》（四九八メートル）を目ざして車を走らせていた。

「イモヤ」の音は、第二章3節以下で取上げたモヤの語の頭にイがくっついたような形になっている。モヤはアイヌ語の「モイワ」の訛りにまず間違いなく、それは「モ（小さな）・イワ（聖なる山）」の意で、つまり「ふるさとの聖山」を指すと考えられる。わたしが、これまでに現地を訪ねたモヤは、岩手県二戸市石切所のそれを含めて一三ヵ所になるが、いずれも右の理解にほぼ合致していた。

アイヌ語のイ（i）はなかなかやっかいな語らしく、知里真志保『地名アイヌ語小辞典』には、「第一人称目的格の人称接頭辞」など、いくつもの用法が記してある。わたしが知りたかったのは、伊茂屋山のイがそのどれに当たるのか、あるいはどれとも関係がないのかなどではなく、この山

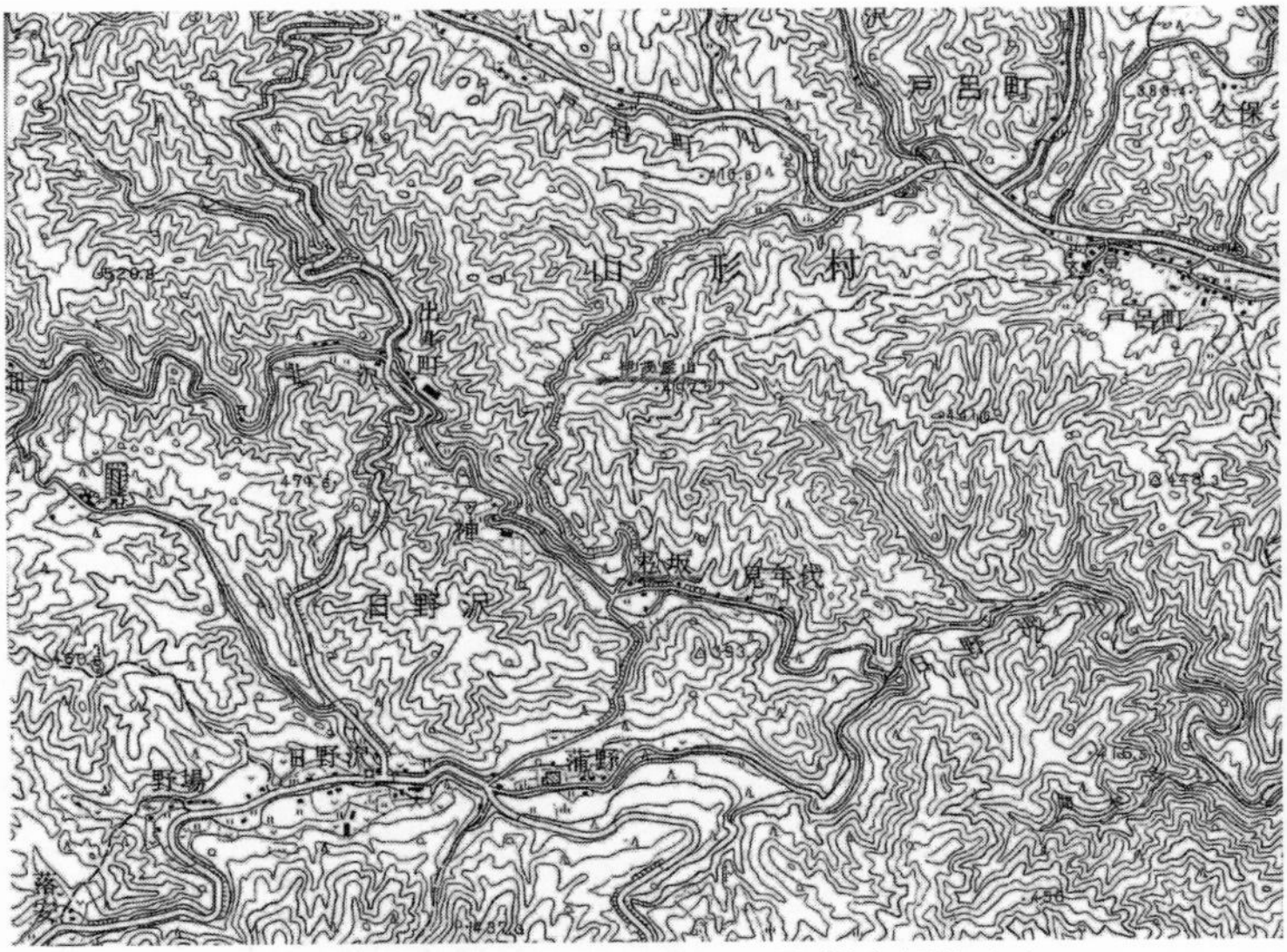

久慈市伊茂屋山周辺の地図。５万分の１図「陸中大野」より。

がモヤの一つかどうかということだった。

伊茂屋山は、久慈市街から西へ一五キロばかりの北上山地の北部に位置している。久慈川沿いにしばらく走ったあと右折して県道を進むと、ほどなく戸《へ》呂《ろ》町という、いっこうに町場らしくない小さな村に着いた。ここから同山までは三キロたらずのはずだが、その山がまるで見えない。山容がわからないのである。

わたしは、戸呂町の西方で山道へ入った。地図によれば、この道は伊茂屋山の直下を南北に通じており、いちばん山に近いところでは、西に五〇〇メートルくらいしか離れていない。それなのに、いくら行っても問題の山は望めず、やがて南麓の松坂集落（山形町日野沢字松坂）まで来てしまった。この間に山のまわりを半周したことになる。

松坂には、気づいたかぎりでは、民家は

三戸しかなかった。そのうちの一軒の庭で、何かの作業をしている男性がいた。わたしは声をかけて、伊茂屋山のことを訊いた。

のちに昭和二十六年（一九五一）生まれだと教えてくれた男性は、そう目立つ山ではないが、わたしが通ってきた道から林道へ入っていくと頂上が見えないことはないと言ったあと、

「あそこに何か、あるんですか」

と訊き返した。もっともな疑問である。わたしは、アイヌ語地名について調べており、あの山の名もそれではないかと思って、やって来たのだと答えた。

そうすると、男性は、

「ここから南へ山を越した日野沢に、野場《のば》というところがありますがね、そこにわたしの小、中学校の同級生がいました。この同級生が、あるとき俺の家の裏に昔、アイヌ人が住んでいたと親父から聞いたことがあるって話してましたねえ」

と、びっくりするようなことを口にしたのだった。男性は、このとき六九歳か七〇歳であっただろう。その親の世代といえば、まだ九〇代かもしれなかった。

「ほう、その同級生の父上は、まだご存命でしょうか」

「いや、だいぶん前に亡くなりましたよ。いま生きてたら一〇〇歳を少し超すくらいの年でしょう」

仮に一〇五歳だとすると、大正五年（一九一六）ごろの生まれになる。

「父親は、そのアイヌ人を見たんですかねえ」

「それは、よくわかりません。わたしは何となく、見たことがあるような感じは受けましたが」

もし、そのとおりなら、大正の終わりか昭和の初めごろのことであろう。そんな時代になっても、まわりがアイヌ人だと意識していた者が東北地方に住んでいたことになる。わたしは、伊茂屋山のことはすっかり忘れて、とにかく野場へ行ってみることにした。

日野沢は、久慈川の支流の日野沢川に沿って、東西に細長く延びた村である。野場（山形町日野沢字野場）は、その西端に位置して、ほんの数戸の集落であった。目ざす家は、すぐにわかった。ちょうど、前の畑で七〇歳前後とおぼしき女性が草むしりをしていた。

わたしは、松坂で耳にした話を伝えて来意を告げた。しかし、相手はこちらを見ようともせず、作業をつづけている。わたしの言うことはちゃんと聞こえているのに、返事をしないのである。

「何も知らない」

と答えれば、わたしはすぐ辞去するつもりだったが、それもしない。途中で、

「何のために、アイヌ人のことなんか調べているの」

と、つぶやいたときも、うつむいたままだった。

わたしは気まずい思いをしながら、かれこれ五分以上も、そばに立っていた。黙って立ち去るのも変だし、ずっといつづけても仕方がなかった。そうすると、女性の方も、さすがに間がもたなくなったのか、

「主人の弟が昭和二十七年の早生まれだから、松坂の人と同学年かもしれない。弟は、いまはここを引き払って千葉県に住んでいる。アイヌ人の話は、義父からちらっと聞いたことがあるよう

な気がする。だけど詳しいことは、おぼえていない」
と、やはり草をむしりながら、ひとりごとのように言って、また黙り込んでしまった。わたしは、それをしおに挨拶をして、その場を離れた。

女性が、なぜあんな不可解な態度をとったのか、いま一つはっきりしない。都会で暮らす人間（わたしは、そうではないが）に対して、反感のようなものを抱いているのだろうか。フィールドを歩いていると、まれにそのような人に出会うことはある。ともあれ、義理の弟の連絡先を訊ける雰囲気ではなかった。

家の裏といってもいろいろだが、この辺の山はそんなに深くはない。まあ、里山である。そのどこかに、アイヌ人が明治か大正ごろまで、ひょっとしたら昭和になっても住んでいたのではないか。そう多い人数ではなく、おそらく一家族か、せいぜいで二家族くらいのように思われる。あるいは、一人だったかもしれない。それが正確にいつまでのことか、どうして地元の住民からアイヌ人だとみなされていたのかなどは、いっさい不明である。

2　二つの**褜岩**（ほろいわ）

褜岩という地名が、わたしが気づいたかぎりで東北地方に二つある。

- 岩手県宮古市川井字褜岩
- 同県上閉伊《かみへい》郡大槌《おおつち》町大槌字褜岩

である。

前者は、岩手県の三陸海岸の真ん中あたり、宮古市街から西へ二〇キロ余りの閉伊川沿いに、後者は、そこから三〇キロ近く南東の大槌川べりに位置している。

何度も記したように、アイヌ語のポロは「大きい」を意味し、それが日本語に借用された場合はホロとなることが多い。イワは『地名アイヌ語小辞典』では、

「岩山、山。この語は今はただ山の意に用いるが、もとは祖先の祭場のある神聖な山をさしたらしい（後略）」

と説明されている。

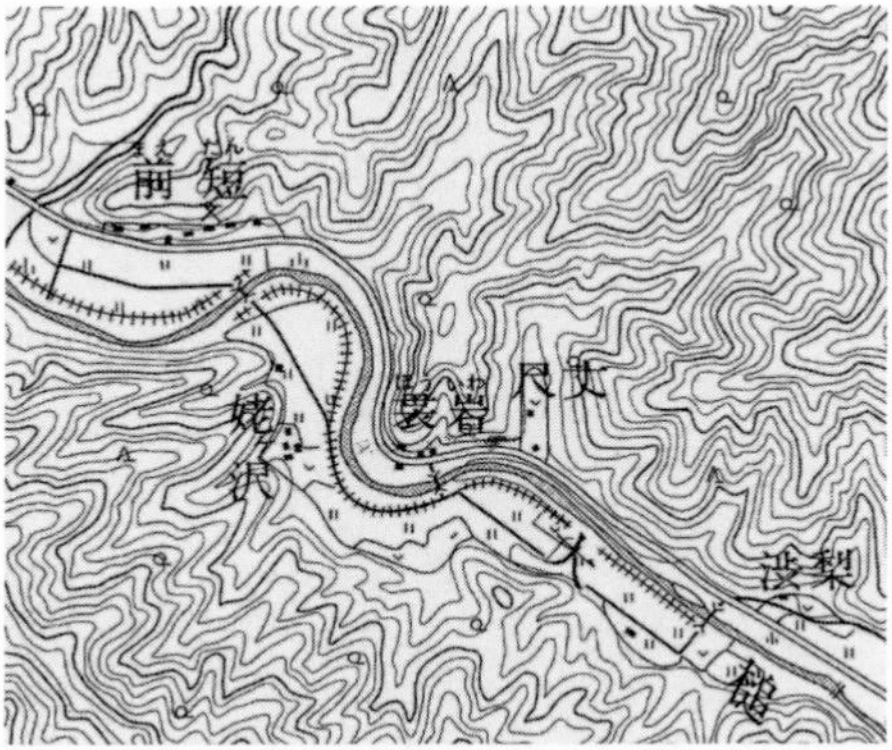

岩手県大槌町大槌字褁岩あたりの地図。５万図「大槌」より。

イワに「聖なる山」の意があるらしいことは、山田秀三氏も繰り返し指摘していた。知里真志保氏は、しばしば山田氏といっしょに北海道の各地を歩いて聞取りをしていたから、その結果、二人そろって同じ見解を抱くにいたったのであろう。

前節でも触れたモイワのモは「小さい」を指す語であり、そうだとするならホロイワはモイワに対して「大きな聖山」のことになりそうである。わたしは、その解釈でよいのかどうか確かめたくて、いずれ訪ねてみるつもりでいた。それが実現したのは、令和三年十月上旬のことであった。

前ページと次ページの地形図を見ていただくとわかるように、二ヵ所の立地あるいは地形は、とてもよく似ている。ともに川が半円形に蛇行した部分に山の尾根が突き出し、そのへりに小集落が形成されている。そうして、これは現地へ行って初めて気づいたことだが、尾根の先は横から眺めた山容が三角形をなしており、その麓に神社が祀られていたのである。その辺について大槌町、宮古市の順で述べることにしたい。

大槌町の袰岩は、大槌湾に面した市街から大槌川を五キロほどさかのぼった左岸の小集落である。目につくかぎりでは民家は三戸しかなかった。川の蛇行によって南西側へぽこんと膨らんだ平坦地に、北東から山がせり出しており、その先端に近いあたりが三角山になっていた。三角形の頂上は、モヤやタッコなどアイヌが神聖視していた山の中で、いちばん多い山容である。

この山(名を確認できない)も、おそらく古くから信仰の対象になっていたのではないか。現に麓には神社が祀られている。社殿は山を背にしており、そこに向かって礼拝することは、そのまま山に頭を下げることになる。ただし、山は東北地方のほかのモヤ＝モイワに比べて、とくに大きくはない。つまり、ここの場合、単純に「大きな聖山」とはいえないようである。

神社の「御神灯」の寄進者名に「袰岩」の姓があった。この珍しい姓の家が少なくとも一軒はあるのだろう。神社の名と合わせて、その一家が現在もここで暮らしているのかどうかなどを知りたいと思ったが、そばのどの家にも在宅している人がいなかった。しばらく、まわりを車で走ったあと再び袰岩を訪れた。やはり、どの家にも人の気配がない。そろそろ午後遅くの日が西に傾きはじめていた。わたしは、やむなく次の目的地に向かって大槌町をあとにした。

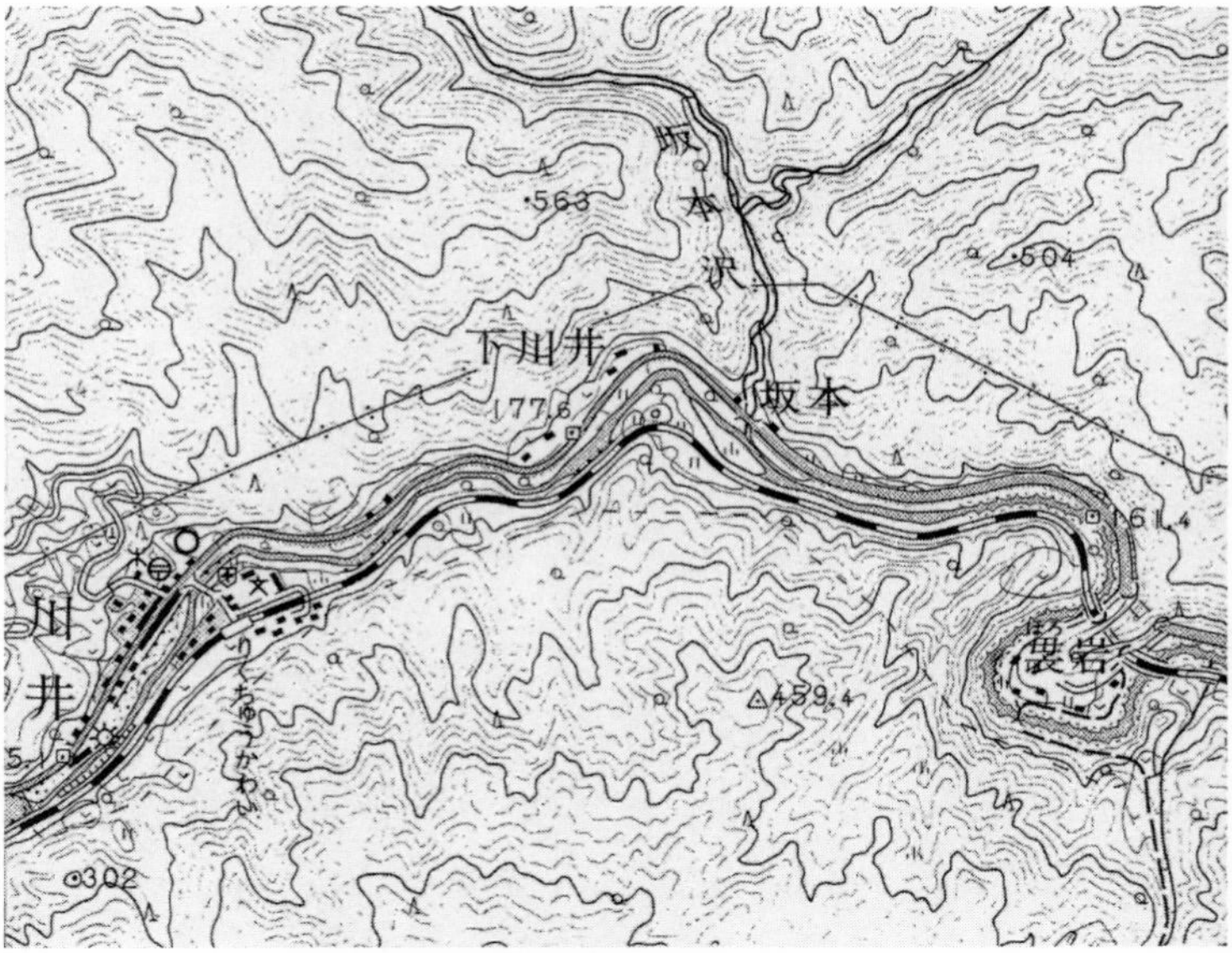

宮古市川井近辺の地図。５万図「川井」より。

宮古市川井の袰岩に着いたときには、すでに夕闇がせまっていた。ここの蛇行は、大槌町のそれより一層はなはだしくて、北東から延びてきた尾根は、岬のように川の方へ突き出している。その先端が独立峰のように盛り上がって見えた。その麓に神社が祀られているところは、大槌町と同じであった。

だが、こちらの三角峰もやはり、そんなに大きくはなかった。いや、むしろ小さい方であろう。アイヌ語のポロ（大きい）、ポン（小さい）、モ（小さい）には、辞書の最初に載っている説明だけでは解釈できないような、隠れた意味があるのかもしれない。

ともあれ、わたしは山の写真を撮っておきたくて、小さな集落のはずれにかかった橋を渡り、閉伊川の対岸の高くなった場所を目ざした。あたりは、もう暗くなりかけていた。いちおう撮影をすませて引き返してくると、橋に近い家の前に初老の男性が立って、こちらをじっと見ている。

「こんな時間に、こんな場所に何の用なのか」

男性は体全体で、そう言っていた。それは、わたしには渡りに舟であった。ほんの数戸の集落で、話を聞けそうな人が、わざわざこちらを待っているようなものだったからである。わたしは車から降りて男性に近づいていった。そうして、次のようなことを聞かせていただけたのだった。それを文章体で記すことにしたい。

「ここは現在は八戸である。昔は一〇戸ほどで、仕事はだいたいは農業であった。全戸が褻岩姓であり、うちが氏神の稲荷神社の面倒を見ている。そういう言い方はしないが、氏子総代のようなものである。わたしの母親は、この先の下《しも》川井（宮古市川井字下川井）から嫁に来た。旧姓を長鈴《ながすず》といった。長鈴という姓は下川井に三軒あるだけで、このあたりには、ほかに全くない。この人たちは、アイヌ人の子孫だといわれている」

ということは、男性自身もアイヌ人の血を引くことになるはずである。自らそう話す人に、わたしが会ったのは、これまでのところ、ほかにはいなかった。男性は眉が濃いが、平均的な和人の風貌のように、わたしは感じた。

なお、男性は大槌町にも褻岩の地名があることは知らなかった。わたしが、そこの地形がここととよく似ていることや、そこにも褻岩姓の家があることなどを話すと、興味ぶかそうに耳をかたむけていた。

立ち話がつづいているあいだに、あたりはすっかり暮れきって、これ以上、相手を引きとめておくのはためらわれた。わたしは、あつく礼を述べて、そこを辞去した。

翌日、改めて袰岩や下川井を訪ねることもできた。しかし、このような重要な話は少し時間をかけて整理してみる必要がある。わたしは再訪を期して、いったん川井をあとにしたのだった。

3 「わたしたちはアイヌ人の子孫かもしれない」

令和四年十月中旬、わたしはほぼ一年ぶりに、岩手県宮古市川井字袰岩を訪れた。午後、前に話をうかがった男性宅を訪ねたが留守だったので、暗くなってもう一度、出なおした。男性は帰宅しており、わたしを居間に通してくれた。夫人も、いっしょだった。

男性の姓は、むろん袰岩である。その名前を、ここではMとしておこう。

M氏は昭和二十五年（一九五〇）の生まれで、このとき七二歳であった。ちなみに、父親の生年は大正三年（一九一四）、母親は同十五年（一九二六）で、三人とも寅年の生まれになる。M氏ご夫婦が、ときおり薪《まき》ストーブに薪をつぎたしながら、こもごも語ってくれたことを一部は文章体で記したい。

「わたしの先祖が、ここへ住みついて一五代、三〇〇年ばかりになる。この家は昭和四十五年（一九七〇）に建て替えるまで茅葺きだったが、いつ建てられたのかわからない。とても古い造りだったので、江戸時代かもしれない。

父は庄右衛門といい、いろんな仕事をしていた。冬場は主に猟で、そのほかの季節には農業や林業だった。牛も飼っていた。たしか平成二十七年（二〇一五）に数えの一〇二歳で亡くなった。

わたしの家は、この村ではいちばん古いといわれており、八戸の中の本家だとされている。あとの家は、ここから分かれていったのではないか。

母は下川井の長鈴家から嫁に来た。みなが、きれいな人だと言っていた（夫人も大きくうなずいた）。袰岩姓の者も、長鈴姓の者もアイヌ人の子孫ではないかと思う」

「なぜ、そのように思われるんでしょうか」

「この二つの姓とも、ここら以外には、ほとんどありませんからね。それでアイヌ人だと、まわりが考えたんじゃないんですか」

M氏は、やや間をおいたあと、そう答えた。初めの言い方と、わたしの問いに対する返事とは、必ずしもつながっていないように受け取れた。別の折りには、

「わたしたちはアイヌ人の子孫かもしれない」

と、つぶやいたこともあった。

M氏は、右のような話を何となく耳にしたことがあり、自分でもあながち否定できない気がしているものの、はっきりした理由はわからないと思っているように、わたしは感じた。

M氏によると、一五代前の先祖が、三〇〇年ばかり前すなわち一八世紀の前半ごろ、袰岩へ来て住みついたらしい。平成の初めに、旧川井村の文化財調査委員会が行った戸別調査でも、M家が袰岩の総本家だとされていることから考えて、この家の先祖が袰岩の最初の住民だったことは、まず間違いなさそうである。

閉伊川にかかる褁岩橋の上から稲荷神社と、その背後の山を望む。

彼らは、ここに住まいをかまえて、狩猟を主たる生業にしていたのではないか。現に、M氏の父親は冬には主に猟をして生活の支えとしていたのである。狩猟というのは、もともとが冬場にかぎった稼ぎであり、それは純然たる職業猟師でも変わらなかった。つまり、庄右衛門氏はマタギ（取りあえず、この語を東北地方の狩猟専業者の意で使っておきたい）そのものだったとみることもできる。

次章で詳述するように、わたしはマタギはアイヌ人の末裔だと考えている。「マタギ」という不思議なひびきの言葉も、卑見ではアイヌ語である。その辺については、いまは触れないことにするが、近代になっても東北地方に残っていたアイヌ人が、しばしば猟稼ぎで暮らしていたらしいことは、第一章の1～3節で紹介した「アイヌの過失致死（または過失傷害）事件の裁判」からもうかがえる。あるいは、この渡世

によって、まわりの者たちが、

「あの人たちはアイヌ人だ」

という意識を抱くにいたった原因の一つだったことも考えられる。

「母の下川井の実家には、わたしのいとこが住んでますがね、そのいとこなら、もっと詳しいことを知っていると思いますよ」

M氏は、わたしが辞去する前に、そう教えてくれた。

4 「それは顔かたちからではないか」

宮古市川井（旧下閉伊郡川井村）の中心部は、閉伊川に沿って褜岩から三キロくらいさかのぼった、やはり同川に臨んだ左岸にある。JR山田線の陸中川井駅、宮古市川井総合事務所、消防署、郵便局、小学校、北上山地民俗資料館などの公共施設は、みなここに集まっている。なお、「川井」とは二つの川が合したところ、すなわち「川合」の意だと思われる。実際、町場のすぐ上で、小国《おぐに》川が本流の閉伊川に落ち合っている。

下川井は、その川井と褜岩との中間あたりに位置する小集落である。ほんの五、六戸が国道340号（宮古街道）沿いに点在し、そのうちの三戸が長鈴姓になる。

褜岩を訪ねた翌日の正午すぎ、わたしはM氏のいとこに当たる長鈴秀夫さん宅の玄関先に立った。すぐに、やや小柄ながら、ぜい肉のない初老の男性が顔を出した。それが秀夫さんであった。氏は、いたって気さくにわたしを応接間に通してくれた。

秀夫さんは昭和三十年（一九五五）の生まれで、このとき六七歳、もとは郵便局に勤めていたということだった。そのせいであろう、とくに岩手県内の地名に精通しており、わたしが地図で調べた地名のほぼ全部を知っていた。アイヌ人についても関心をもっているらしく、かなり詳しいと感じた。

アイヌ人と縄文人との関係について、どう考えているのかといったことなどをうかがったあと、わたしは折りをみて、

「Mさんのお話では、袰岩姓と長鈴姓の方は、アイヌ人の子孫ではないかということでしたが」

と率直に訊いてみた。秀夫さんは、それに対して、

「そうですか。わたしは、そういう話をはっきりと聞いたことはありませんが」

と答えた。その言い方は、「全く聞いたことがない」というべきところを婉曲に表現したとも、「あいまいなうわさを別にすれば」の意味のようにも受け取れた。

それからひと呼吸おいて、秀夫さんは、

「しかし、もしそれが本当なら、顔かたちからかもしれませんねえ。このあたりでは、アイヌ人のような顔の人はときどき見かけますよ」

と言った。

秀夫さんは髭は濃そうだが、まあ平均的な和人の容貌である。それは、いとこのMさんも同じであった。二人とも、その点でアイヌ人に見られることはあるまい。ただ、二つの家系の物故者を含めた一族の中に、それらしい外観の人がいたことはあり得る。秀夫さんが、ちょっと間をお

いて、

「顔かたちからかもしれませんねえ」

と、つぶやいたのは一族のだれかを思い浮かべてのことだったとすれば、話のつじつまは合う。だが、そこらについて、これ以上の質問はプライバシーに深入りしすぎる。

わたしは、秀夫さんが子供のころ川井小学校の校庭で拾ったという石の矢尻のことなどに話題を変えた。これについては本章末のコラム⑤で取上げることにしたい。

爨岩、長鈴姓の人たちが、この地域でアイヌ人の末裔だとみられていたとしても、少なくとも右の二人の話からだけでは、その理由が判然としない。これは、わたしの聞取りや、すでに一部を紹介ずみの文字記録に出てくる「近代・東北地方のアイヌ人」の全般にいえることである。

しかし、一〇〇年とか一五〇年前、周辺住民が抱いていた、

「あの人たちはアイヌ人だ」

との意識には、もっと確かな裏付けがあったのではないか。

例えば、そのころにはまだ、男性は顔全体に濃い髭をたくわえていたかもしれず、女性の中には口のまわりにアイヌ独特の刺青をほどこした人がいたとしても不思議ではない。とくに、あとのような女性が一人でもいたとしたら、まわりの者たちは、その集団の成員をアイヌ人とみなしたに違いない。それは和人の社会にはない習俗だったからである。

第二章1節などで名前を挙げた、アイヌ民族出自のアイヌ語学者、知里真志保氏（一九〇九—六一年）の母ナミさんは明治十二年（一八七九）の、その姉の金成マツさんは同八年の生まれで

あった。残されている写真によれば、二人とも口の周囲に、ひとまわり大きな口のような形の刺青を入れていた。ナミさんは昭和三十九年（一九六四）に、マツさんは同三十六年に亡くなっており、少なくともそのころまでは刺青をした女性が生存していたことになる。

ところが、藤本英夫氏の『知里真志保の生涯』には、そのような記述は見えず、真志保氏や、その師の金田一京助氏が残した文章でも、わたしが気づいたかぎりでのことだが、それには触れていないようである。何か、はばかられるものがあるのだろう。それは、おそらく「野蛮な風習」との誤解を生むことを恐れたからだと思われる。

明治時代ごろに撮られたアイヌ人女性の写真には、口をかこむような刺青を入れた例が多い。当時、和人の女性のあいだでは、歯を黒く染める「おはぐろ（お歯黒）」の習慣をもつ者が珍しくなかった。二つは同質の習俗で、一方が野蛮だというなら、他方もそうなるはずのものである。しかし、和人はアイヌ女性の刺青を野蛮だとして、日本政府は禁じていたのに、おはぐろの方は問題にすることはなかった。だが、そのころ来日した西洋人は、ほとんどがおはぐろに対して強い拒絶感を覚えていたらしい。異文化への偏見とは、そんなものである。

いずれにせよ、明治から大正へかけてのころの東北地方のアイヌ人にも、風貌や習俗、服装、肉食、狩猟などに用いる道具などの点で、何か独特のものがあり、それゆえ「あの人たちは」という意識を生んだ可能性は十分にあると思う。

次は江戸時代のことではあるが、現在の岩手県遠野市の中心部へ、ときどき姿を現していた「粗末な身なりの、体毛の濃い、小弓を持った」アイヌ人の話である。

5 『遠野物語』の里とアイヌ人

岩手県は、一道一都二府四三県のうちで、北海道に次いで二番目に面積が広い。遠野市は、その岩手県の南部、北隣の青森県よりは南側の宮城県にずっと近い北上山地に位置している。

この盆地の町は、周知のように柳田國男の『遠野物語』の舞台となっているところである。同書の評価の高まりとともに、いまではどちらかといえば観光地のような雰囲気もあり、街中にも郊外にも、物語に紹介されている民話の説明標識が随所に見られ、環境もそれにふさわしく整備されている。ただし、けばけばしさなどは少しもない。一〇〇年以上も前に刊行された、ささやかなページ数の一冊の本が、一つの田園都市に決定的ともいえるほどのイメージと特徴を与えることになった、珍しい例にかぞえられるのではないか。

『遠野物語』と、その続編に当たる『遠野物語拾遺』には、『遠野古事記』という本からの引用が、それぞれ一ヵ所ずつある。もし、これがなければ、宝暦十三年（一七六三）に成立した一地方の地誌が、広く異境の読者に知られることはなかったに違いない。

『遠野古事記』は、遠野で生まれ育った遠野南部藩士、宇夫方《うぶかた》広隆（一六八八―一七六八年）の執筆である。昭和三年（一九二八）、南部叢書刊行会から印刷本が出版されている。その上巻の四九ページに次のような記載が見える。

「八十四五年前迄《まで》は、坂ノ下丁上《かみ》の番屋向《むこう》に、惣門は有レ之《これあり》候へ共《ども》、土手は柵にて御塀《おへい》はなし、砂場丁より坂の下え往来の口には惣門も御塀も無レ之《これなく》、土手え茨垣を結《ゆい》たる計《ばかり》にて平等《たいら》故、他郷他領の乞食も鉦打《かねうち》坊主も抜参宮《ぬけさんぐう》の子供等も勧進に参《まいり》候、其《その》頃、松前夷歟《まつまええぞか》、田名部《たなぶ》の夷歟、惣躰《そうたい》毛の生たる乞食夷小弓え小矢を取添、度々《たびたび》参候を、幼少の時見候て殊の外怖敷《おそろしく》存、それ夷が来たと云《いう》を聞てはねたれみ啼《なき》を止《やめ》、部屋の隅え逃隠居《おり》候由《よし》、予が母咄《はなし》 候を承《うけたまわり》候。母は坂の下丁中館《なかだて》金左衛門娘也」（振り仮名は引用者による）

ちょっと読みにくいかもしれないので、拙訳を付しておきたい。

「いまから八四、五年前（すなわち一六七〇年代ごろ）までは、坂ノ下丁の上にあった番屋の向こうに惣門（町の入り口の門）があり、そのわきの土手には柵だけで塀はなかった。一方、砂場丁から坂ノ下への往来には惣門も塀もなく、土手には茨の垣を植えてあるだけで、通交に支障はなかったから他郷、他領の乞食も鉦打坊主（首に下げた鉦をたたきながら物乞いをした乞食坊主）も抜け参宮（父母や雇い主の許しを得ずに伊勢参りをすること）の子供らも勧進（物乞い）に来ていた。そのころ松前（北海道渡島《おしま》半島の南部）のエゾか、田名部（青森県下北半島の北部）のエゾか、全身に毛が生え、小弓と小矢を合わせ持った乞食エゾもたびたび来ていた。幼少のとき、それを見て、ことのほか恐ろしく、それエゾが来たと聞くと、ねたれみ啼き（ねだれ泣き、すなわちむずかり泣きの意か）をやめ、部屋の隅へ逃げ込んで隠れていた。わたしの母から聞いたことである。母は、坂ノ下丁の中館金左衛門の娘である」

坂ノ下丁は、いまの遠野市民センター（遠野市新町一―一〇）があるあたりで、市街のど真ん中になる。

一七世紀の後半ごろ、そこへ「惣躰毛の生たる乞食夷」が「小弓え小矢を取添」て、たびたび

遠野のかつての坂ノ下丁付近の街並み。江戸時代の前期、この辺にもアイヌ人が姿を見せていた。

現れていたというのである。体毛が濃かったらしいことと、和人が一般に用いていた長弓にくらべて、ずっと短い弓（いわゆるアイヌの半弓）と短い矢を携えていたことから考えて、彼らがアイヌ人であったことは疑いあるまい。

宇夫方広隆の母親や、そのまわりの人びとは、彼らは現在の北海道南部か青森県の下北半島に住むアイヌ人だと思っていたようである。彼らが何のために遠野へ来ていたのかは、はっきりとは書かれていない。ただ、乞食や鉦打坊主、伊勢神宮への抜け参りの費用を得ようとして門付けに歩いていた子供と並んで挙げられ、しかも「乞食夷」とあるところをみると、物乞いはしていたのではないか。

とはいえ、それが目的で北海道や青森県北部から岩手県南部まで、わざわざ歩いてくることなどありそうにない。旅をするのにも金がいるからである。彼らは、ずっと近くに住んでいたに違いなく、そうして、遠野の周辺で猟をしていたのであろう。しかし、いつも獲物が得られるとはかぎらず、その折りに窮したあげく、遠野城下へ現れていたとすれば、なぜ小弓と小矢を手にしていたのかも了解できる。

あるいは、獲物を手に入れて、それを現金や食料、日用品などに替えるために、町場を訪れていたこともあり得る。その際、彼らの服装が粗末というより、あまりにも和人のそれとかけ離れており、だから「乞食」のように感じただけだったのかもしれない。

6　遠野郊外には近代までコタンがあったか

すでに何度か記したように、「ナイ」とはアイヌ語で「川、沢」のことである。日本語で、ナイの音をもつ言葉に、そのような意味があることは知られていない（と思う）。

ところが、『遠野物語』の冒頭には、

「（遠野郷では）谷川のこの猿ヶ石（北上川の支流、猿ヶ石川）に落合ふもの甚《はなは》だ多く、俗に七《なな》内八崎《ないやさき》ありと称す。内《ない》は沢又は谷のことにて、奥州の地名には多くあり」

と見えている。遠野近辺では、沢や谷のことをナイと言っていたのである。

なお、タニは主に中部地方より西に分布する語で、東北地方では元来ほとんど使われていなかった。したがって、川の流れにタニの名が付く例も、まれにしかない。逆に、サワの付く川の名は西日本では、かなり珍しい。柳田國男が『遠野物語』を書いたのは三〇代の半ばごろで、そのことにまだ、はっきりとは気づいていなかったかもしれず、だから遠野のことなのに、「谷川」

遠野市上郷町佐比内あたりの猫川。ふだんは、ほとんど水が流れていない。

とか「谷」の言葉を用いた可能性がある。

ともあれ、遠野では「七川」または「七沢」とでも称すべきところを「七内」と言っていたことになる。これはナイというアイヌ語が方言のような形で、住民のあいだに定着していた証拠である。つまり、それだけ、この地方（にかぎったことではないが）はアイヌ文化の影響を強く受けていたともいえる。それは今日に残る地名からも裏付けられる。

例えば、

・遠野市上郷《かみごう》町佐《さ》比《ひ》内《ない》

のサヒナイは、アイヌ語の「サッ（乾いた）・ピ（小石の）・ナイ（沢）」が訛った地名に、まず間違いないと思う。「乾いた」とは、ふだんほとんど水がないことを指すが、同地の横を流れる猫《ねこ》川（猿ヶ石川の支流）は現に、そのような沢だからである。

・上郷町来内《らいない》

のライナイは、いちおう「ライ（死んでいる）・ナイ（沢）」と解釈できそうである。ライ（ｒａｉ。ただし、知里真志保氏はｒａｙと表記）は『地名アイヌ語小辞典』では、「死んでいる。川で云えば古川に水が流れず停滞しているような状態を云う」と説明されている。ここを流れる来内川（猿ヶ石川の支流）のどこかに、右のような場所があるのかどうか、わたしは確認できていない。

・遠野市土淵《つちぶち》町栃内《とちない》字西内《にしない》

のトチナイとニシナイは、アイヌ語による地名か、日本語化したアイヌ語に由来する地名か判断がむつかしい。

栃の木や栃の実は、日本語でもアイヌ語でも「トチ」という。これはアイヌ語が、この言葉を日本語から借用した結果である。アイヌ語学者の中には逆だとする人もいるが、栃谷、栃沢のたぐいが本州、四国、九州の各地におびただしく存在するのに、トチナイが北海道にそう多くないことから考えて、この説には同意しがたい。

ただし、この事実は、トチナイの名を付けたのがアイヌ人であった可能性を否定する根拠にはならない。それは、トチがアイヌ語になったあとの地名かもしれないからである。一方、和人が栃の語と、すでに方言化していたナイとをくっつけて、この地名ができたことも考えられる。

ニシナイについても、ほぼ同じことがいえる。ニシは、これに似た音のアイヌ語が訛ったものかもしれず、そうだとすればアイヌ語地名になる。だが、日本語の「西」の意であるとしたら、「西の沢」を指すことになるだろう。

要するに、遠野近郷では日本語とアイヌ語は、お互いに影響を与え合っていたのである。それは、長いあいだにわたって二つの民族が隣り合って暮らしていた結果に違いない。もっとも、これは東北地方北部の広い範囲について当てはまることであり、決して遠野にかぎったことではなかった。

遠野市宮森町達曽部《たっそべ》は、遠野市街の北西一五キロばかりに位置する山間の小町場である。このタッソベも、地内に残るアリウナイ（有宇内）も、おそらくアイヌ語地名だろうが、その語義は、わたしにはわからない。

『岩手県町村合併史』（一九五七年、岩手県総務部地方課）の八七七ページ「達曽部村」の項には、

「本村には、長い間アイヌが住んでいたと伝えられている」

の一文が見える。たったこれだけで、ほかにはどんな情報も付加されていない。

この記述は、本章の1節で紹介した岩手県久慈市山形町日野沢での例のように、だれかが何かの折りに語った記憶によっているのではないか。少なくとも、文献からの引用ではあるまい。

そうだとしたら、江戸時代中期以前のことではなく、本が編纂された二〇世紀の半ばから、せいぜいで一〇〇年くらい前の話のように思われる。つまり、幕末か明治の初期よりのちまで、達曽部のどこかに小さなコタンがあったことを伝えている可能性がある。

この種の情報は、だいたいにおいてあいまいであり、これ以上は詰めようがないことが多い。

しかし、だからといって、

「根も葉もない、ただのうわさ」

だと一蹴する必要もない。漠たる伝承でも少なくない数が集まれば、そこから一つの事実が浮かび上がることがあってもおかしくないからである。

7　栗駒山を望む場所

一関市の達古袋《たつこだい》は、岩手県も最南部に位置して、いちばん近いところでは、宮城県境まで四キロほどしかない。ここらあたりは、前節までの北上山地と違って、もう一つ西側の奥羽山脈の東麓になる。

一関市達古袋から栗駒山を遠望する。この地点から、ほんの数10メートル位置をずらすと、もう見えなくなる。

達古袋は昭和二十九年（一九五四）まで西磐井郡萩荘《はぎしょう》村内の大字名であり、その後もしばらくは、たいていの地図に大きく載っていたが、いまは住居表示上の地名としては消滅してしまい、すでに地図にも記載されていない場合が多い。現在、萩荘字八幡には廃校になった達古袋小学校の校舎が保存されており、これがかつての地名をしのぶわずかなよすがの一つになっている。

この「タッコ」がアイヌ語で「聖なる山」を指すことは、ほとんど疑いないといえる。その点では、「モヤ」とよく似ているが、タッコにはさらに「聖山の遥拝所」の意があることがモヤとは異なっている。

達古袋は後者の例で、八幡の五〇〇メートルくらい東、萩荘字広面《ひろおもて》の一角からは栗駒山（一六二七メートル）の三角形の頂上がシルエットのように空に浮かんでいるのが望見できる。栗駒山は岩手、宮城県境にそびえ、秋田県境にも近い。とくに東北地方の人びとには、なじみの名峰である。

注目されるのは、ここから西へ二〇キロも離れた同山が見えるのは、広面の三叉路付近だけで、ほんの数十メートル位置をずらせば、もう全く姿が消えてしまうことである。つまり、広面の点のように狭い、ある場所だけから、おそらくアイヌが神聖視していたと思われる栗駒山を遥拝できることになる。アイヌ人は、その奇跡のような立地の一点をタッコと称していたのであろう。

なお、達古袋のダイ（濁らなければタイ）は日本語かアイヌ語か決しがたい。前者だとすると、「平坦地」を意味する地形語になり、後者なら「森」のことになる可能性が高いのではないか。

やや長くなったが、以上は本節の前置きである。

令和元年十月の上旬、わたしは達古袋周辺のあちこちを車で走っていた。その折り、広面の三叉路から五〇〇メートルばかり北で会った男性から、どう受け取ったらよいのか判断に迷うようなことを耳にした。昭和二十六年（一九五一）生まれだという男性は、わたしがアイヌ語地名について調べていることを知ると、

「ここにもアイヌ人の子孫が住んでいましたよ」

と言ったあと、あらまし次のようなことを話してくれたのである。それを文章体で記しておきたい。

「第二次大戦後の生活が苦しかった時代のことだが、村のある女性が北海道へ嫁に行った。どん

な縁があってのことか、わたしは知らない。この女性は、ときどき里帰りをしたが、亭主がいっしょだったことは一度もない。それは連れて帰れば、アイヌ人であることがわかるからだったと思う。村の者たちも、そううわさしていた。女性は、どこかへ働きに出ていたこともないので、北海道の男性と知り合う機会はなかったはずだ。それなのに、あんな遠いところへ嫁いでいったのは、もとから何らかのつながりがあったからではないか。当時、この辺の者は多くが食事にもこと欠くほどの暮らしぶりで、だから縁を頼って北海道の同族と結婚したのだろう」

改めて指摘するまでもなく、男性の話には明らかな飛躍がある。

まず、相手が本当にアイヌ人なのかどうか、わからない。一度も妻の実家を訪れなかったからといって、そう考えるのは速断にすぎるのではないか。次に、夫がたしかにアイヌ人だったとしても、女性がアイヌ人の子孫である証拠にはならない。江戸時代から、アイヌ人と和人の結婚などいくらでもあった。

しかし、北海道へ嫁いだ女性の家系は、アイヌ人の子孫だといううわさが前から村にあり、それには何かもっと別の理由があった可能性はあると思う。わたしが会った男性は、それを知るには若すぎる年齢だったのかもしれない。

いずれであれ、右の話には何の意味もないとも、どうとでも解釈できるともいえる。それをあえて紹介したのは、この種の情報としては、わたしが聞いた中では、場所がもっとも南に位置していたからである。

文献でも、これほど南方に近代になってアイヌ人が住んでいたという記述は、いままでのところ目にしたことがない。

【コラム】⑤　石の矢尻の話

アイヌ語地名のことを調べるため、東北地方の北部をまわっていて、わたしは何度か「石の矢尻」のことを耳にした。そのうち、やや具体的な話にかぎって、次に列挙しておきたい。聞取りの時期は平成二十八年（二〇一六）から令和四年のあいだになる。

・岩手県下閉伊郡山田町豊間根《とよまね》字山内《さんない》で、昭和十八年（一九四三）生まれの女性。

「わたしは豊間根の下下野《しもしたの》に住んでいるが、ここ（字山内）にうちがもっている畑から石の矢尻が、たくさん出てきたことがあった。畑を手で（機械ではなく、の意）耕していたときに出た。息子が完全な形のものを何個か貯めていた。息子は数年前に交通事故で亡くなった。夫（一九三五年生まれ）は、それから急にボケてきた。しっかりしていたころ、ここの山内も、近くの長内《おさない》もアイヌ語だと言っていた」

サンナイは「（ふだんは、ほとんど水が流れていないのに、まとまった雨が降ると、水がどっと）出る（サン）川（ナイ）」、オサナイは「川尻（オ）が乾く（サッ）川（ナイ）」を指すと思われ、現に、そのとおりの特徴を有している。

・岩手県下閉伊郡普代村堀内《ほりない》で、昭和十三年（一九三八）生まれの男性。

「堀内では畑から石の矢尻が、よく出てきた。アイヌが使っていたのではないか」

同所で五年ほどのちに、右の男性の息子（一九六一年生まれ）。

「堀内の山の上で、石の矢尻を拾ったことがある。いい形のものだけで一〇本くらいあった。ほかにも、皮なめしに使うような石（石包丁のことか）も拾った。そことは別だが、うしろの畑で母親が農作業中に土を焼いて作った壺を見つけたこともあった。完全な形だったというが、翌日、行ってみたら、いくつかに割れていた。それで自分が接着剤で、つなぎ合わせた。矢尻も壺も、どこかにしまってあるはずだ」

右は、第四章3節で紹介した親子の話である。その折りにも述べたように、ホリナイはアイヌ語ポロ・ナイ（大きな川）の日本語化と考えて間違いないと思う。

岩手県山田町豊間根字長内の長内沢。手前の豊間根川へ合流している小さい方の流れである。撮影時は、たまたま雨が降ったあとで、わずかに水が流れていた。

・岩手県下閉伊郡岩泉町岩泉で、自動車修理工場経営者の男性（一九五〇年代の生まれか）。わたしは、ここから三キロほど東で車を脱輪させ、その引上げを男性の工場に頼んだのだった。
「ローソン（岩泉店。岩泉字森の越）の前に、うちの別の工場があるが、そこの裏では土器や石の矢尻が、たくさん出てくる。それで、町の教育委員会から、発掘がすむまで何も建ててはいけないと言われている。子供のころ、そこで石の矢尻を拾って遊んだものだった」

・岩手県宮古市川井字下川井で、長鈴秀夫さん（一九五五年生まれ）。この項は本章４節からのつづきになる。

「わたしは駅（ＪＲ山田線陸中川井駅）の近くの川井小学校へ通ったが、いま校庭になっているところで、石の矢尻を何個も拾ったことがあった。ほかに石包丁のような形のものも拾った」

長鈴さんは、わたしのメモ帳に鉛筆で、それぞれの図を描いてくれた。氏は、

「実物は、これくらいだった」

といい、それを測ってみると、矢尻は長さ二センチばかりで、柄《つか》の部分は〇・五センチ、先端の尖ったところが長さ一・五センチ、幅はいちばん手前で一センチほどであった。石包丁は長さ八センチ、高さ二センチくらいで、形は和櫛《わぐし》に似ていた。

これは長鈴さんの記憶によるものであり、必ずしも正確とはいえないかもしれない。しかし、おおよそは右の大きさであったと考えてよいのではないか。

以上の四ヵ所は、いずれも岩手県の北上山地か三陸海岸沿いに位置している。石の矢尻について、わたしはほかでも聞いたおぼえがあるが、どれも漠としすぎていて、さらに列挙をつづけるほどの話ではない。

四ヵ所が岩手県の東部に偏していることに、どんな意味があるのか、わたしにはよくわからない。これは、わたしが取材をする際に生じた単なる偶然かもしれず、そうではなく逆に何ら

かの事実を、ある程度、反映している可能性もあり得る。いずれであれ、例数が少なすぎて、この地域的かたよりから何かを推測するのは適当ではない。

問題は、これらの矢尻が、いつごろ、どのような集団によって作られたのかである。少なくとも長鈴さんが拾ったものは、よく写真などで目にする先史時代の石の矢尻（石鏃《せきぞく》）に似ているようである。日本で石鏃が出現したのは縄文時代の初めごろで、そのあと弥生時代にかけて狩猟具として使われていたらしい。

それでは、四ヵ所の矢尻は、その時代のものだろうか。いまのところ、これらのどこかで発掘調査が行われたことはないと思われ、この点については何ともいえない。ただ、石包丁は弥生時代になってから大量に出土するといい、もし右の普代村堀内と宮古市川井の石製品が考古学でいう石包丁に当たるのであれば、この二ヵ所は弥生時代以降の遺跡かもしれない。

それにしても、一人の子供が形のいいものだけで一〇個も拾い集められるとは、どういうことだろうか。獲物に向かって放たれた矢尻が一ヵ所から、そんなにたくさん出てくるはずがない。そこは矢尻の製造場所だったのではないか。

狩猟民なら当然、大量の矢尻を必要としたはずである。集落内のどこかに住民が集まって、それを作る作業場のようなところがあり、その跡が四ヵ所だったように思われる。できばえのいいものは、まとめて保存していたに違いなく、いま畑や林となっている場所に散乱しているのは不自然である。現代人の目には完形品のように見えても、実は失敗作をそこら辺に投げ捨てていたのかもしれない。

…………

ともあれ、その製造者の集団がアイヌ人の祖先だったのか、別種の民族すなわち和人の先祖だったのか、わたしが聞いた話からだけでは判断のしようがない。

第六章　秋田マタギはアイヌ人の末裔である

1　田沢湖のそばにも遅くまでコタンがあったらしい

平成二十八年（二〇一六）十月上旬、わたしは秋田県仙北《せんぼく》市田沢湖町生保内《おぼない》の長内沢《おさない》を訪れていた。この沢は玉川（雄物《おもの》川水系）の支流で、全長は五キロほどしかない。しかも、上流部がいくつかに枝分かれしており、それぞれに金堀沢、小倉沢、刑部《ぎょうぶ》沢、屋敷沢と異なる名が付いている。つまり、長内沢の源流は、どれかがはっきりしないことになる。

わたしの目的は、その辺を確かめることではなく、このオサナイが前章末のコラム⑤などで触れたアイヌ語の「オ（川尻が）・サッ（乾く）・ナイ（沢）」の一つになるのかどうかを調べることであった。

現地で同沢の沢口をいくら眺めても、ふだんから水が涸れている様子がうかがえない。どういうことなのかと思いながら、持参の五万図を見ているうち、はたと膝を打つようなことに気づいた。沢口の七〇〇メートルばかり下流で、玉川が、これ以上はないくらいに蛇行しているのである。北から流れてきた川がふいに向きを変え、ちょうど陸上競技のトラックを一周するように円をえがいて回ったあと、また南へ流れ下っている。その真ん中に楕円形の岬というより、ほとんど島が取り残されたように浮かんでいるのだった。

玉川を丸木舟で上下していたアイヌ人たちは、この異様な屈曲部を指して、

「オ（山の先端が）・サン（突き出した）・ナイ（沢）」

と称したのに違いなかった。

だから、もとは屈曲部をそう呼んでいたのだろうが、のちにその名が近くの沢の名に移動したのだと考えられる。そうして、いつのころかに、オサナイと訛って今日に至ったのであろう。

ちなみに、さらに下流で玉川に合している堀内《ほりない》沢は、ポロ（大きい）・ナイ（沢）の意に相違あるまい。この沢は近隣の玉川の支流としては、もっとも長い（およそ一〇キロ）からである。

わたしはオサンナイの現場を見たいとは思ったが、一帯は深い原生林といった感じで、道は全くない。心残りを覚えつつ、二キロほど北の生保内字堂田《どうでん》まで引き返したところ、七〇歳前後とおぼしき男性が、ごみ集積所の前で軽トラックから降りてきた。

用事をすますのを待って、わたしは声をかけ、長内沢のことや玉川沿いに下っていく道がないかどうかなどをたずねた。昭和二十二年（一九四七）生まれだという男性は、ひととおりのやり取りのあと、次のような興味ぶかい話をしてくれたのだった。

「これは自分が子供のころ、明治生まれの祖母から聞いたことですが、生保内の武蔵野にある東源寺の裏にアイヌ部落があったということです。何家族がいたのか、その人たちを祖母が実際に

見たことがあるのかどうか、わかりません。ただ、見たわけじゃなかったとしても、時期は何百年も昔のことではなく、祖母が生きていた時代か、せいぜいでそれより少し前のことじゃありませんかね。祖母の話しぶりから、そういう感じを受けたことをおぼえています」

東源寺は、日本最深の湖、田沢湖（四二三メートル）の東岸から東へ四キロほど、生保内字武蔵野に現存する曹洞宗の寺院である。

男性が祖母の生年を思い出せなかったことと、いずれにしろ、この話は東源寺あたりで、もっと別の筋から裏付けを得る必要があると考え、わたしは男性の祖母が明治のいつごろに生まれたのかなど確かめることなく、その場を離れた。

わたしが武蔵野を訪ねたのは、それから五年くらいたった令和三年の秋である。堂田で聞いたことを何らかの形で補強できる情報が得られるのではないかと予想していたが、案に相違して、声をかけた七、八人の年配の住民はみな、

「そういう話は全く耳にしたことがない」

と答えたのだった。

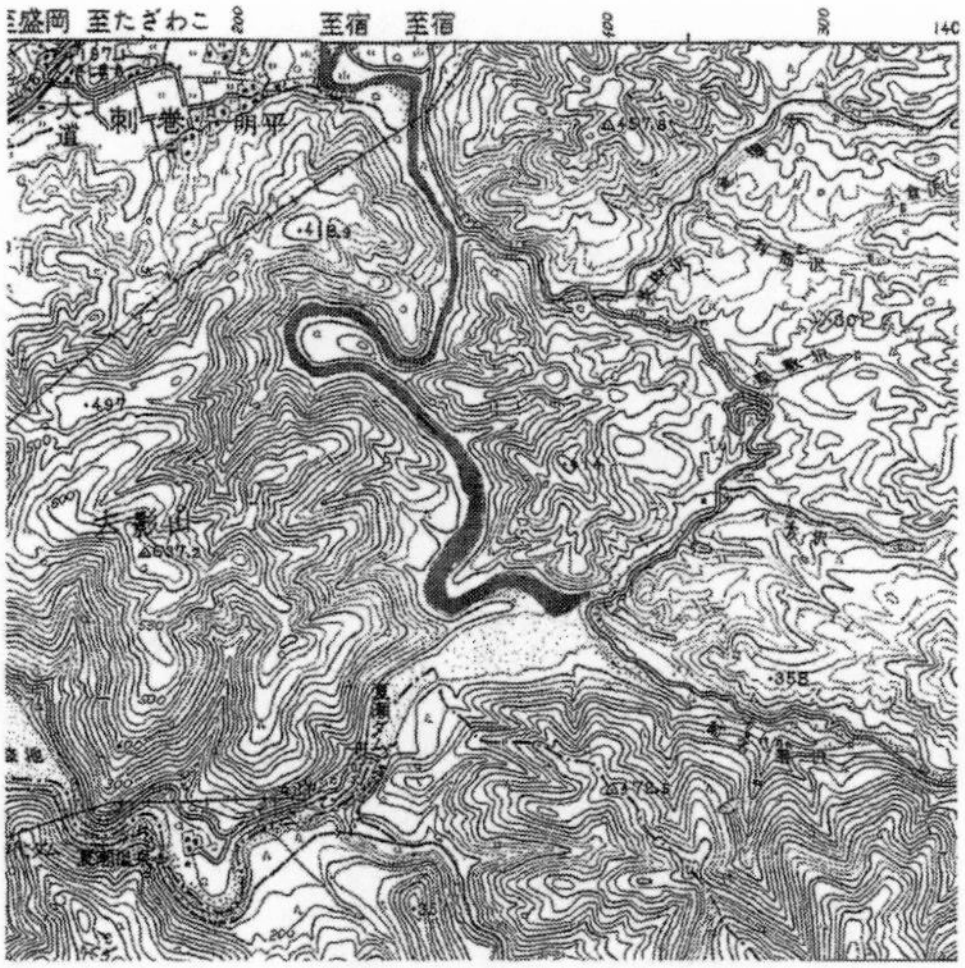

秋田県仙北市田沢湖町生保内の長内沢と玉川の蛇行。５万分の１図「角館」より。

わたしは仙北市立田沢湖図書館へも寄ってみたが、ここでもどんな手がかりも見つけられなかった。女性の司書は、

「さらに心当たりに問い合わせてみたいので、少し時間を下さい」

と言ってくれた。二週間ばかりのちに、

「おたずねの件について知っている人も、役に立ちそうな資料も探し出せませんでした。申し訳ありません」

との電話をいただいた。糸は切れたことになる。

しかし、わたしは平成二十八年に堂田の男性からうかがった話は、大筋としては信じてよいと思っている。伝承というものは、しぶとく生きつづけることがある半面、たわいもなく霧消してしまう場合も珍しくないからである。

それは、すでに紹介した岩手県での近世や近代のアイヌ人についての情報からも、うなずけるように思われる。次は、もっと漠としているが、第二次大戦後のことになる。

令和元年十月上旬、わたしが、
・秋田県山本郡八峰《はっぽう》町八森《はちもり》と同町峰浜目名潟《めながた》境の母谷《もや》山（二七六メートル）を訪れたとき、五〇歳代とおぼしき男性から耳にしたことである。
「わたしの中学校の同級生に屋号を『アイヌ』という生徒がいました。その子は八森の古屋敷に住んでいましたが、いまは転居していって町にはいません」

「彼はアイヌ人のような顔立ちでしたか」

と、わたしは訊いた。そうすると、男性はしばらく考えていて、

「そうとも、いえませんねえ」

と答えた。すぐにきっぱりと否定しなかったところをみると、多少はそんな感じもあったのかもしれない。

屋号というのは、決して意味もなく付けられるものではない。その家の由来を率直に語ったものも珍しくないのである。特定の家に「アイヌ」の屋号が付けられていた以上、それなりの理由があったのではないか。しかしこれも、ここで行き止まりの話であった。

わたしが聞取りや文献で知りえた秋田県の近代アイヌ人の情報は、いまのところ右の二つだけである。

2 「マタギ」という狩猟者集団について

東北地方の北部に、かつてまとまった数のアイヌ人が居住していたことは、この地域に残っているアイヌ語地名の多さから考えて疑いようがない。確実か、ほぼ確実にアイヌ語に由来する地名は、普通の地図には載っていないものまで含めたら、おそらく数千にはなるだろう。その一部は、既刊の拙著『アイヌ語地名と日本列島人が来た道』と『アイヌ語地名の南限を探る』に紹介しておいた。

アイヌ人は日本人の祖先であり、縄文時代には列島の全域に分布していたが、弥生時代から古墳時代へかけてのころに、朝鮮半島を含めて大陸から渡来してきた農耕を主とする民族に北と南

へ追われて、それが今日のアイヌ人および琉球列島人になったとの指摘が明治時代からある。この考え方は現在でも、なお根強く、専門学者のあいだにも支持している人が珍しくない。

しかし、わたしは、これにくみすることが、どうしてもできない。自分なりにアイヌ語地名の存否を調べた結果、関東以西にはむろん東北地方南部にあっても、宮城県の北部三分の一くらいを除いて、その存在が確認できないからである。すなわち、卑見ではアイヌは北方から南下してきて、おおむね東北の北部三県と宮城県の一部までを生活域としていた民族であった。

彼らは、その後、和人によってじわじわと北へ追いやられたわけではない。そのような集団あるいは個人はあったろうが、大半は右の域内で和人と同化し、やがて姿を消していったのである。その最後の名残りが、これまでに取上げた近世と近代の東北地方のアイヌ人だといえる。

本章では、アイヌ人がどのようにして和人社会に同化していったか、アイヌのコタンから日本の村落へ変化したのかについて考えてみることにしたい。モデルに使うのはマタギとくに秋田マタギになる。彼らは集団としての規模が大きく、記録もやや豊富に残っているからである。

「マタギ」という言葉は今日、普通の日本語として通用しているといってよいだろう。その意味するところは猟師を核とし、これに加えて「東北地方にいる、またはいた」とか「とくに熊狩りに従った」「雪山を超人のように駆け巡る」などのイメージを浮かべる人も多いのではないか。中には、どこに住んでいるかにかかわりなく、単に職業的猟師のことだと思っている方もいるかもしれない。ちなみに、『広辞苑』では、「東北地方の山間に居住する古い伝統を持った狩人の群。秋田またぎは有名」と説明されている。

マタギの本質は、どこにあるのか。これに対して、納得のいく説明を与えた文章を、わたしはまだ目にしたことがない。つまり、例えば中部地方や四国、九州などの職業猟師と決定的に違うところがあるのかないのか、あるとすれば、どんな点なのか、管見に及んだどの文献にも書かれていないのである。

わたしは、マタギとは、

「地域の全戸か、ほぼ全戸が狩猟を主たる生業にしている集落に居住する職業猟師のことである」

と定義している。

もっぱら狩猟によって生計を支えていた人びとは、日本全国どこにでもいた。そのような者がいなかった山村など、なかったといってもよいだろう。しかし、域内のほとんどの家が専業猟師といった集落は、東北地方の北部の一部にしか存在していなかったと思う。そこの住民が、すなわちマタギだとするのが、わたしの立場である。

マタギの正装をした男性。北秋田市阿仁打当（うっとう）の「マタギ資料館」の展示写真より。

マタギは、のちに詳しく述べるように、猟期以外にも農業や林業に従事することが原則としてなかった。それでは何をしていたかといえば、旅商いである。熊の胆《い》や脂《あぶら》、猿の内臓、頭部の黒焼きなどの薬類と、さまざまな動物の毛皮を売り歩いていたのである。それは農耕民の副業ではなく、狩猟民族の暮らしぶりそのものであった。
そうなると、居住地近辺での狩猟だけでは間に合うはずがなく、冬には他国（現今の他府県）、他領まで遠路もいとわず出かけていくことになる。これも旅商いと並ぶマタギの大きな特徴であった。

なぜ、農耕社会になって久しい年月がたつ本州に、その種の狩猟民が存在していたのだろうか。それは、彼らがアイヌの末裔だったからにほかならない。もとからの狩猟民が、もともとの生き方をつづけていたのである。その証拠は、右のような生態だけにあるのではない。マタギは、山中に狩りに入ったときには、「山言葉」と称する独特の隠語以外は使ってはならないという厳しいタブーを保持していた。山言葉は他地方の狩猟者集団にも見られた習俗であったが、マタギの場合には、その中に少なくとも数十のアイヌ語がまじっていたのである。

彼らは、そのアイヌ語をいつごろ、だれから教えられたのだろうか。前半の疑問に対して答を出すことは、結局は難しい。江戸時代の初期より前であろうが、その先のこととなるとよるべき資料がないからである。

だが、だれからかは、はっきりしている。彼らの祖先からである。いや、それは正確には教えられたのではなく、アイヌ語が周辺の社会では耳どおい言語になったあと、自らの母語を隠語に取り入れたのである。

アイヌ語を含んだ隠語と、先に述べた生態、この二つがマタギはアイヌの末裔であることを示している。それを素直に眺めてみれば、このような結論がおのずとみちびき出されるように、わたしには思える。

3　四国の山村と秋田の山村

まずマタギの生態上の特徴を明らかにするため、ここでは他地方の狩猟者集団と、どのような違いがあったのか例を挙げて述べてみたい。その比較の対象に、わたしがえらんだ一方は、

・高知県吾川《あがわ》郡いの町寺川（旧土佐郡本川《ほんがわ》村寺川）

である。この村については、たまたま江戸時代中期の狩猟の実態を記録した文献が残っており、具体的なことがわかるからである。

寺川は、四国山脈脊梁直下の草深い山村で、集落のほとんどが標高八〇〇―九〇〇メートルに位置している。ここに高知城下住まいの下級藩士、春木繁則が山廻り役人として赴任したのは、寛延四年（一七五一）の早春のことであった。春木の『寺川郷談』は、それから一年ほどにわたった任期中の経験と見聞を記した書簡形式の文章である。そこに出てくる狩猟関連の記事を要約すると、おおよそ次のようになる。

・田家《たや》（出作り小屋）では、昼はあれこれと働き、夜は鹿を追って夜もすがら寝ない。昼でも終日、猿を追って過ごすこともある。背中にカモシカの毛皮を着た男もいれば、それを腰布に用いる女もいる。

・自分が赴任した年は十月（陰暦）末から雪が降りはじめ、その冬は大猟で、寺川と隣の越裏門《えりもん》とで猪、鹿、カモシカ、熊を合わせて三〇〇頭余り捕った。だから、旧冬から翌正月までは飽

きるほど肉を食った。

・手足の肉はイナキ（稲架）に架けておき、明け暮れ犬といっしょに食らう。犬は一戸で五匹も七匹も飼っていて、座敷へ上げている。

寛保三年（一七四三）の「郷村帳」によると、このときの寺川の戸数は二〇、人数一五二、越裏門は戸数三〇、人数二五七であった。計五〇戸で、一冬に三〇〇頭を超す大型獣を捕獲していたことになる。特別な年だったかもしれないが、一戸平均で六頭だから、一家全員に犬を加えて来る日も来る日も肉また肉であったろう。

当時、寺川には猟銃が七丁、越裏門には三三丁あり、越裏門では猟師一九人がいたとなっている。寺川に猟師の記載がないのは、この村は年貢を免除される代わりに伊予（愛媛県）境の警備役（実際には森林盗伐の監視）を命じられており、それが村人の正業だとされていたからだと思われる。銃も、おそらく七丁以上を持っていたろうが、猟のためではなく、藩境の警備用の名目になっていたのではないか。

一方、越裏門は戸数よりも多い猟銃の所持を認められていたうえ、「猟師」に分類される者が一九人もいた。さながら、専業の猟師村のおもむきである。ところが、捕れた獲物の少なくとも肉は、もっぱら自家用にまわしていたらしい。毛皮も、まず自分たちで利用していたのであろう。寺川での「背中にカモシカ」うんぬんは、それを裏付けている。

とはいえ、仮にふだんの年で、大型獣の捕獲数が平均一〇〇頭ほどであったとしても、かなり余ったのではないか。その分や、熊の胆《い》（胆嚢《たんのう》）、脂《あぶら》などは金銭に換えていたに違いない。これは、近代におけるほかの山村の例から考えても、まず疑いあるまい。

　もっとも商品価値が高かったのは、熊の胆であったろう。熊の胆すなわち熊胆《ゆうたん》は今日でも、日本薬局方（厚生労働大臣が定めた医薬品の規格基準書）の生薬《しょうやく》の部に載る歴とした解毒、鎮痛、消化薬である。かつては、とくに消化器の不調全般に効く万能薬とされ、時代と地域によって差はあったものの、おおむね同重量の金の数倍の値段で取引きされていた。現金収入のとぼしかった山村の住民が、そのような商売に無縁ということなどありえなかった。

　しかし、そうであっても、寺川や越裏門の住民が自ら行商に出ることはなかったようである。とりわけ他国への旅は、きびしく禁じられていた。彼らは商取引きに直接かかわることは少なく、商売は仲買人を介して行っていたらしい。また、獲物を求めて他地域へ出かけていた形跡もない。

熊の毛皮。1986 年、岩手県和賀郡西和賀町沢内の碧祥寺博物館で。

　要するに、彼らの本質は山間地の農民であり、狩猟期外には常畑《じょうばた》や焼き畑で百姓仕事をしていたのである。

　これに対して北東北のマタギの暮らしぶりは、どうだったのだろうか。次は、わたしが昭和六十一年（一九八六）の秋、
・秋田県仙北市西木町上桧木《かみひのき》内《ない》戸沢の門脇宇一郎さん（一九〇九年生まれ）から
聞いた話である。

「わたしの親父もマタギだったので、わたしは小学校の五年ごろから鉄砲を撃っていました。このあたりでは、昭和四年（一九二九）から炭焼きが始まりましたが、それまではマタギ以外の仕事はありませんでした。それで冬は猟をし、夏は行商に出ていました。わたしは熊の胆や脂、いろんな動物の毛皮を持って大阪あたりまで売りに行ったもんです。おじの寛一郎なんかカラフトや朝鮮まで足を延ばしていましたよ。

わたしらの商品の中で、いちばん売れ行きがよかったのは、やっぱり熊の胆でしたねえ。しかし、これは量にかぎりがありますからね、本物だけでは足りません。それで、豚の胆を熊の胆と称して売ることもしていました。干し上げてしまったら素人には区別がつきませんし、豚の胆でもそれなりの薬効はあるんですよ。もちろん、値段は安くしておきましたが。

そうやって、村中の者が商いに出かけていましたからね、ここの人間は金もあったし、広い世間も知っていたもんだから、生活は下の町場より進んでいました。わたしらが子供のころ角館《かくのだて》（現仙北市角館町のこと）あたりの家はほとんどが板敷きでしたが、ここでは畳を入れた家がいくらもありましたよ」

門脇さんには、やや強い秋田訛りがあり、わたしには銀ギツネが「グングツネ」のように聞こえたりしたこともあった。右は東京方言風に改めてある。

門脇さんの故郷、上桧木内は、この北隣の北秋田市阿仁《あに》と並んで秋田マタギのセンターの一つだった。そこのマタギが雪深い山野を駆け巡るだけの、ただの狩人ではなかったことが、門脇さんの話からうかがえる。

このあとでも紹介するように、秋田のマタギは昭和初期になっても冬の猟と夏の商いで生計を立てていた者が少なくなかった。そのころ、高知県本川村など他地方の山村生活者で、狩猟と、それに付随する商売を主たる生業にする住民はいたとしても、ごくわずかな数になっており、地域の大半が、それで一家を養っているような集落などは、まずなかったろう。それは実は、ずっと古くからのことであって、周辺に獲物が豊富にいた時代でも変わらなかったのである。

4　山言葉の中のアイヌ語

マタギは、獲物をもとめて仲間とともに山に入っているとき、いや家を出た直後から山言葉を使うことになっていた。それは里では口にしてはならず、逆に山では、この隠語のみで話をしなければならなかった。第二次大戦前には、それがきびしい掟とされていて、たとえ不注意からであっても、里言葉を用いた場合は、寒中に水垢離《みずごり》をとらされるなどの過酷な制裁が待っていた。

その山言葉の中に、知られているだけで数十語のアイヌ語が含まれていたのである。具体的にどんな語彙があったのかは、民俗研究者たちの諸種の著述に紹介されている。採集地は原則として秋田県の北部、一部が青森県などである。以下に、管見に及んだうちのいくつかを引用させていただく。

・柳田國男・倉田一郎編『分類山村語彙』（一九四一年、信濃教育会）には、「ワッカ（水）」「セタ（犬）」「シャンベ（心臓）」の三語が挙げられている。これがアイヌ語と発音、意味とも一致することは、各種のアイヌ語辞典に照らして明らかである。

右についてには、地域によってセタはシェタ、セダ、シャンベはサンベとする報告もあるが、アイヌ語には清音と濁音、サ行音とシャ行音の区別がないので、いずれもアイヌ語であることは間違いない。

・動物作家で、戦後における代表的なマタギ研究者だった戸川幸夫氏は『マタギ』（一九六二年、新潮社）の中で、猫を意味する「チャベ」の語が「現在もこの地方（現秋田県北秋田市阿仁＝引用者）で使われている」と述べている。『萱野茂のアイヌ語辞典』には「チャペ　猫」と見えるが、アイヌ語ではぺもべも同じである。この言葉は、阿仁の少なくとも一部では、山言葉だけではなく方言のようになっていたらしい。

・柳田國男門下の民俗研究者、後藤興善《こうぜん》氏は『又鬼《またぎ》と山窩《さんか》』（一九四〇年、書物展望社）で次のように指摘している。

「奥の山言葉にアイヌ語の混じてゐることは注意せられる。ワッカのアイヌ語であることは真澄（江戸時代後期の旅行家・民俗学者、菅江真澄のこと＝引用者）がすでにいつてゐるが、金田一博士（金田一京助氏＝引用者）によると、日、月をトンピーといふのはアイヌ語のトッピーであり、曲げ物を大小によつてオーガッチョー、コガッチョーといふが、カチョーが矢張りアイヌ語である。木をツグイ（秋田ではツクリ＝原注）といふが、アイヌ語のチクニの訛音であり、頭をハッキといふが蝦夷語のパッキーである。帯や縄をシナリといふが、結ぶといふ意味のアイヌ語シナから来たと考へられる。大きいといふ形容詞をホロンダといふが、アイヌ語ポローから来た形容動詞であることは明かである」

右のうち、「アイヌ語のトッピー」とあるのはトンピのことではないか。萱野茂氏の辞典では、トンピは「光」の意となっている。後藤氏の指摘のほとんどは金田一氏の教示によると思われ、後藤氏の片仮名表記に多少の問題はあるかもしれないが、大筋としては妥当のようである。

・現仙北市角館町で生まれ育ったマタギ研究者、太田雄治氏の『マタギ』（一九七九年、翠楊社）には多数の山言葉が記載されており、アイヌ語に由来すると思われるものも少なくない。

そこではオオガッチョ、コガッチョは、それぞれ「飯椀」「汁椀」となっている。シナリは「麻ナワ」、ツクリは「蔓《つる》編みの大袋」だという。ワッカは「水」だが、これからの派生語としてワカ（雨）、ワカブタ（笠）、ワカムグリ（魚）、キヨワカ（清酒）、ニゴリワッカ（ドブロク）などが見える。

この本には出所を示さない転用が非常に多く、右の例も、だれか別の研究者が別の場所で語っていることかもしれない。

・秋田県出身の武藤鉄城氏はマタギ研究に先鞭をつけただけでなく、他を圧する業績を残した民俗研究者であった。死後に出版された『秋田マタギ聞書』（一九六九年、慶友社。のち河出書房新社から『マタギ聞き書き』として再刊）には、ホロ（たくさん）、ホロセタギ（又鬼のうち主だった者）、セタギ（セタは又鬼に同じ。それに似ているのでセタギ）、ハケガシラ（解剖してからの頭）などが紹介されている。

ホロはアイヌ語ポロの日本語化であり、「大きい」のほかに「多い」の意がある。ホロセタギは「大きいセタギ（マタギ）」が原意であろう。アイヌ語の「大きい」「多い」の両義とも秋田マタギに伝わっていたことがわかる。セタは元来は「犬」を指すが、マタギはいつも犬を連れていたので、それがマタギ自身に転用され、さらにマタギの「ギ」と合体してセタギの語がつくられたと思われる。ハケガシラのハケはアイヌ語パケ（頭）に対応し、それに日本語のカシラをくっつけて「解剖してからの」という限定した意味にしている。

右に挙げた事実から、マタギという集団が非日常の会話の中であったにしろ、二〇世紀に至るまでアイヌ語がまじった言葉を使いつづけていたことがわかる。

5　マタギは、なぜアイヌ語を知っていたか

後藤興善氏らの報告は、金田一京助氏を「驚倒」させる。金田一氏は、昭和十三年（一九三八）に発表した「山間のアイヌ語」（二〇〇四年、平凡社刊『古代蝦夷とアイヌ』に所収）の中で、

「実に、この裏日本の山詞《やまことば》に、まだまだアイヌ語の残存の拾われることは、驚くべきことである」

と述べたうえ、その理由について二つの可能性を指摘している。

「第一に考えられることは、この地方の山間の猟師の人々は、実際先住民の子孫であるからであろう」と「第二に考えられる事は先住民との接触、殊に職業的交渉から、その影響に由る残存ではないかということである」の二つである。

金田一氏自身は、

「体質上に格別の相違が無いとすると、この考え方（右の後者＝引用者）が寧《むし》ろ可能性がある」

との見方をしていた。これは、マタギに会って話を聞いた後藤氏らが、「風貌のアイヌそっく

りであるという様な印象」を受けなかったらしいことによっている。

ただし一方で、氏は、

「全部がアイヌの後裔でなくっても、なおアイヌ語を混じて使うこともあったであろうことは想像しがたく無い」

とも記しており、マタギの先祖がアイヌ語使用者であった可能性も想定していたようである。

わたしは、右の第一の考え方が妥当だと思っている。もちろん、彼らはとっくの昔に、形質的にはアイヌの特徴をほとんど失っていたろう。何十世代にもわたって、少しずつ、あるいは時代によっては多量の和人の血をまじえた結果、見た目では平均的な和人と、そう大きな違いはなくなっていたに違いない。

わたしが「先住民（アイヌ）の子孫」だとするのは、文化の面すなわち民族としての特質についてである。民族を問題にする場合、もっとも重要な観点を一つだけ挙げるとすれば、言語になると思う。卑見では、マタギの先祖はアイヌ語を母語としていた。だからこそ、彼らの山言葉に数十語のアイヌ語が含まれていたのみならず、例えばポロがもつ基本的な二つの語義「大きい」と「多い」が、ともにそのまま継承されていたのである。

また、金田一氏のいう第二の可能性のように、アイヌの猟師と和人の猟師との「職業的交渉」により、前者の言語が後者の言語に借用されることは、現実には考えにくいのではないか。文化的背景を異にする二つの集団が、狩猟のような統一された指揮下で完全に呼吸を合わせないかぎり、成果を期待できない行為に協同で当たることは、まずなさそうな気がする。

マタギは既述のように、

「地域の全戸か、ほぼ全戸が狩猟を主たる生業にしている集落に居住する職業猟師」

であった。

気ごころが知れた者たちだけでグループをつくり、しかも、そこには厳しい序列、階梯があった。これは、おそらく昔からのことであり、そのような集団に外部の者が参加することは簡単ではなかったろう。それを考えれば、彼らの隠語の中にまじっているアイヌ語は、自らの先祖から受け入れたものであったとみる方が、ほかの集団との接触によって獲得したと想像するより、ずっと自然ではないか。

秋田県北秋田市阿仁根子を遠望する。すり鉢状の盆地に現在100戸弱の民家が密集している。

・秋田県北秋田市阿仁根子《ねっこ》

は、前記の門脇宇一郎さんの故郷、仙北市西木町上桧木内戸沢から一八キロほど北西に位置している。

ここは、もっとも著名なマタギ集落の一つで、昭和十一年（一九三六）当時の戸数は八五、ほぼ全戸が狩猟を生業としていた。男たちは実質的に、一人残らず狩りに従っていたのである。そうして、猟期外の夏場には、多くの男性が行商に出ていた。その足跡は北はカラフト、西は朝鮮半島、南は台湾に及んでいたのだった。

八五戸もの専業猟師の村、こんなところは北海道にも存在したことがなかったに違いない。そこには、先に列挙したようなアイヌ語に由来する山言葉の、ほとんどが二〇世紀の半ばごろまで残っていたのである。戸川幸夫氏が報告した「チャベ（猫）」も、根子で耳にしたものであった。

彼らの先祖がアイヌ語の使用者すなわちアイヌ民族であったとすることは、別に奇説でも何でもない。ごく常識的な推測であると思う。

6　マタギは東北北部にしかいなかった

職業猟師のことを「マタギ」と呼んだり、山言葉の中にいくつかのアイヌ語をまじえて使う猟師たちがいる地域は、かなり広い範囲に及んでいた。

この点については、精粗さまざまな報告が少なくないようで、全容を把握するのはなかなか難しい。わたしが気づいたかぎりでいえば、それは東北北部をはじめ東北南部の山形県、福島県、中部地方の新潟県、長野県、富山県などの山間集落の相当数が含まれ、中には栃木県北部の山村を挙げている資料もある。その総数は、細かくひろうと五〇か六〇もしくは、それ以上になるのではないか。

• 山形県西置賜《おきたま》郡小国《おぐに》町小玉川《こたまがわ》（長者原）

も、いまでは「マタギの里」として知られ、やや大げさな言い方をすれば、村に「マタギ」の言葉があふれている。訪ねていったら、すぐマタギの文字を目にすることだろう。

しかし、ここの場合は昭和六十年（一九八五）ごろ、地元の旅館「泡の湯温泉」の経営者、舟山鉄四郎さん（一九二五年生まれ）らが音頭をとって、観光による村おこしを計画し、そのキャッチフレーズに選んだのが「マタギの里」であった。集落は飯豊山《いいで》（二一〇五メートル）の北麓に位置する山間地で、その秘境性を売りにしようとしたのである。

昭和六十一年（一九八六）の秋、わたしが「マタギ」という言葉の分布域を調べるため長者原を訪れた際、舟山さんは聞取りに対し、

「この辺では、もとはマタギなんて言葉は使っていなかった。リョウシと言っていた。最近、マタギの里で売り出すことになり、それでピーアールにマタギと言いはじめた」

と答えている。

舟山さんが、狩猟のことなら、この人に聞くとよいと教えてくれた同じ長者原の藤田俊雄さん（一九一二年生まれ）も、

「ここでは猟師のことは、リョウシとかカリウドと言っていた。マタギという言葉は近ごろ使いはじめたものだ。昔は、そんな言い方はしていなかった」

と明言していた。

ところが、観光用の言葉として導入される以前、小玉川（長者原）の狩詞《かりことば》の中にマタギなる語があったとする報告が存在するのである。佐久間惇一氏の『狩猟の民俗』（一九八五年、岩崎美術社）八二ページ以下によると、猟師（マタギ、ヤマゴ）、子供（コマタギ）、女の児（ヒラマタギ）の例が挙げられている。さらに、頭（ハッケ、バッケ）、細引（シナリ、シナイ）の山言葉も使われていたという。ハッケ、バッケはアイヌ語パケ（頭）からの、シナリ、シナイはシナ（結

ぶ）からの借用であろう。

右の食い違いは、どうして生じたのだろうか。まず考えられるのは、藤田俊雄さんらよりもっと古い時代には、ここも北秋田市の阿仁根子などと同種のマタギ村だったが、いつのころかに、その実質を失っていたのではないかということである。これは一応もっともな推測だが、やや詳しく観察すれば、そうではないらしいことがわかる。

研究者の報告には、しばしば「秋田の猟師が、ここへ熊狩りの方法を伝えた」「冬になると秋田の衆がやってきて、この村の者を雇って猟をした」「秋田のマタギが毎年、猟に来ていた。何人かは、ここに住みついた」などの話をともなっているのである。中には、移住をはっきり確認できるところもある。

長野県栄村小赤沢の「秋山郷民俗資料室」に復元されているマタギの部屋。秋山郷には秋田から移住してきたマタギがいた。

・新潟県中魚沼郡津南《つなん》町と長野県下水内《しもみのち》郡栄村にまたがる秋山郷

・新潟県南魚沼郡湯沢町三国字二居《ふたい》

などもそれで、江戸時代に秋田から移住してきたマタギが、それぞれに複数いて名前も今日に伝わっている。

ほかにも、秋田マタギとのつながりを語る伝承が残る山村は、次に例を挙げるように珍しくなかった。

・赤谷《あかだに》（現新潟県新発田《しばた》市上赤谷＝引用者、以下同じ）

には、もと秋田の衆が熊狩りに来たと、外門惣六氏も井上平次郎氏も語っておられた。ここの山ことばにはマタギということばがあるが、それは人間の総称である。

・赤谷に隣接する猟区の実川《さねがわ》（新潟県東蒲原郡阿賀町豊実《とよみ》字実川）、鼓岡《つづみおか》（同県胎内《たいない》市鼓岡）、大石（同県岩船郡関川村大石）にも、それぞれマタギが来ていたという。（以上は文化庁編『民俗資料選集　狩猟習俗Ⅱ』の佐久間惇一氏執筆分）

・秋田小屋は、この地域（新潟県魚沼市大白川）の狩り場の奥の未丈《みじょう》ヶ岳（一五五三メートル）にあったが、もう百年以前から来なくなったという。下流の三ツ又新田（魚沼市三ツ又）などでは、昔、秋田衆から熊とりを習ったと言っている。

・大白川では嘉永～安政年間（一八四八―六〇年）になると、熊の胆や熊皮、クラシシ（カモシカ）の皮などの取引文書がたくさん出てくる。このころまでは秋田マタギの独壇場になっており、クラシシなどは年間百頭もとって帰ったといわれている。（以上は前掲書の山崎久雄氏執筆分）

・下折立《しもおりたて》（新潟県魚沼市下折立）の富永熊吉さんによると、ツメカンヂキは秋田カッチキとも呼んでいた。秋田から移入されたものである。

・檜枝岐《ひのえまた》（福島県南会津郡檜枝岐村）の星妙三郎さんによると、イリとは川の上流、デトは下流のことで、秋田の猟師が使用する言葉だった。（以上は金子総平『熊狩雑記』）

・金目《かなめ》（山形県西置賜郡小国町金目）の狩猟文書には、末尾に「秋田根子村栄助より米沢小国金目村伝之助」とある。

・羽前（山形県）から飯豊《いいで》朝日連峰にかけて、また上信越国境（群馬・新潟・長野県境）には秋田マタギが来山していない地帯はないくらいであり、秋田マタギの影響の大きかったことは言いつくしがたい。（以上は佐久間惇一『狩猟の習俗』）

これらの報告は、例えば昭和十一年（一九三六）に、前記の武藤鉄城氏が秋田・根子の佐藤正夫氏から聞取った、

「（狩りは）山形県はもちろん、新潟、長野県方面へも行った。雪崩で死んで、春になってから見付かった者もいる。鹿が多いというので奈良へも行ったが、雪がなくて、笹藪ばかり深くて勝手が違って工合が悪かったという。そんな遠い所へ行った時は、胆《い》は向うで売り、皮を持って来る。肉も塩漬にして持って来ることもある」（『秋田マタギ聞書』一二三ページ）

という話と、ぴったり対応している。

東北南部や新潟、長野県などには、「秋田マタギが来ていた」とする伝承ばかりがあって、この猟師が秋田はむろん、どこか他地方へ出かけていたとの話も記録も、わたしは全く見聞したことがない。秋田県の山間と違って、これらの地域にはアイヌ語とおぼしき地名も見当たらない。要するに、秋田県と山形、新潟、長野県などとは、まるで様子が異なるのである。

そうである以上、山形県小国町小玉川や先に列挙した山村に、アイヌ語由来の山言葉があったとしても、それは秋田マタギがもちこんだもので、そこの猟師たちがアイヌの末裔であることにはなるまい。こう考えたとき、小玉川の藤田俊雄さんの話と、佐久間惇一氏の報告との不一致の説明もつく。もともと、少なくともアイヌ語から来た隠語は、ここでは借り物にすぎなかったの

である。

逆にいえば、秋田マタギのような生態の猟師は、東北南部より南にはいなかったことになる。次には、その事実に別の方法でせまってみたい。

7 「マタギ」はアイヌ語の可能性が高い

どんな概念でも、まずそれを指す言葉の原義を明らかにできれば、その意味の半分以上は突きとめることができるといって過言ではあるまい。マタギは、かつてほとんどの日本人に耳どおい言葉で、そのひびきも特異であっただけに、原義についていくつもの説が提起されてきた。

・江戸中・後期の大旅行家、民俗学者の菅江真澄（一七五四―一八二九年）は、マダ（シナノキの東北方言。木の皮から繊維をつくる）の皮をはぐと称して禁制の山へ入り猟をしたから、マダハギがつづまってマタギの名ができたと説いていた。（『菅江真澄遊覧記』中の「十曲湖《とわだのうみ》」）

・津軽藩士の比良野《ひらの》貞彦（一七九八年、六〇歳くらいで死去）によると、米の量を計るとき、ひとまたぎ、ふたまたぎと跨《また》いだからという。（著書『奥民図彙《おうみんずい》』）

・柳田國男は、東北地方のマタギが所蔵する巻物の中に「山立由来記」と称するものがあり、山立《やまだち》は「マタギの旧名」だったとしている。ヤマダチが語源だと示唆していたとも受け取れるが、「帰するところを知らぬ」と断言はひかえていた。（『分類山村語彙』）

・柳田門下の民俗学者、宮本常一氏は「又になっている木の枝を使用して獲物を追ったことから、マタギというのは又木から来ていると思う」と述べている。（『山に生きる人びと』）

・戦前から戦後にかけての三〇年間、秋田のマタギたちを取材しつづけた武藤鉄城氏によると、マタギたち自身は「山の峰を跨いで行くからマタギだ」「木の股から生れたからマタギ（股木）だ」などと説明していたという。（著書『秋田マタギ聞書』）

・その武藤氏は、「マタギは印度の屠殺業者として卑められた賤民マータンガ（男）、マータンギ（女）の名称から出ているのではないかと思う」としていた。（前掲書）

右のどの説も、わたしには首肯できない。卑見では、マタギはアイヌ語を語源にするというより、アイヌ語そのものである。これは、明治から昭和初期にかけての歴史家、喜田貞吉の立場に近いが、そう考える理由に多少の、あるいは相当の違いがある。以下で順序を追って説明したい。

まず、アイヌ語に通じていた人びとによる指摘を挙げることができる。

・『萱野《かやの》茂のアイヌ語辞典』（二〇〇二年、三省堂）には「マタンキ　猟」とあり、アイヌ語には清濁の区別がないのだから、マタンギともなるはずである。その音はマタギにごく近い。

・田村すず子氏の『アイヌ語沙流《さる》方言辞典』（一九九六年、草風館）では、「マタンキ・ネ・エパイエ」の句を「狩人になる」「またぎ（狩猟）に行く」の意だとしている。

・アイヌ文化研究家、更科源蔵氏の『アイヌと日本人』（一九七〇年、日本放送出版協会）には、「狩猟《またぎ》が好きで」とか「十七のときから狩猟《またぎ》をした」といったアイヌ人からの聞取りが紹介されている。

北海道のアイヌ語に、狩猟または猟師を意味するマタンキ（マタンギ）ないしはマタギなる言葉があったことは明らかであろう。それは、カラフト（現ロシア領サハリン）のアイヌ語にも及んでいた。

武藤鉄城氏は、マタギの語源調査のため「大阪の山本祐弘氏」（建築史家でカラフト文化研究者＝引用者）に手紙を出して次のような返事を得ている。

「お尋ねの樺太のオロッコも狩猟に出ることを〝マタギに行く〟と申しております。勿論彼等の言葉（このあとに「では」が脱落か＝引用者）なく、樺太アイヌもマタギといい、日本人もマタギに行くといい慣《なら》わしていて、当時〝マタギ〟は普遍化した日本語となっていたようですから、〝オロッコもまた狩猟のことをマタギという〟と学問的に考えるのは当らないと思います」

これによって当時（山本氏がカラフトにいたのは昭和十年代半ばのことである＝引用者）、カラフトの和人、アイヌ人、オロッコ人たちのあいだに狩猟を意味するマタギなる言葉があったことがわかる。ただし、山本氏はオロッコに関しては、その固有語ではなくアイヌ語か日本語からの借用だと考えていたのである。なお、オロッコはツングース（固有満州民族）の一派で、この呼び方はアイヌ人によるものであった。今日では、彼ら自らの呼称にしたがって、ウィルタと称されている。

ともあれ、第二次大戦前すでに北海道とカラフトにマタギ（マタンキ）の語があったことは、確実だといってよい。それは主としてアイヌ人たちのあいだで使われており、語義はどちらかといえば、猟師より狩猟にあったように思われる。

戦後の研究者たちのおおかたは当然、右の事実に気づいているに違いない。それでいて、マタギの語源をアイヌ語に求める人たちが少ないらしいのは、この言葉は日本語からアイヌ語に移されたものだと推測しているからであろう。しかし、そうだとしたら、説明が困難なことがある。
いま仮に、マタギが日本語起源だと仮定してみる。その場合、もっとも広くとった報告によっても、東北地方のほかでは新潟、長野、富山あたりのごく一部でしか採集されていないのだから、その発生地は東北のどこかである可能性が高いといえる。

そうして、北へ向かってはどんどん波及していって北海道を横切り、ついにはカラフトに達していたことになる。ところが、南へはせいぜいで富山県の山間地をかぎりに、そこから先へは伝播した形跡がない。北へは二つの海を越えていったのに、南の陸つづきには、さして遠くないところまでしか伝わっていない。これは、いかにも不自然ではないか。

しかも、古くからマタギの名で呼ばれていた秋田周辺の猟師たちは、東北南部や中部地方の山村へ猟稼ぎに出かけていた。それらの地方へ言語を含めたマタギ文化を移植する機会が十分にあったのである。一方、秋田の猟師が猟場を求めて北海道やカラフトへ遠征していた事実は知られていないのではないか。それを考えると、日本語起源説の不審は、いっそう強くなる。

逆に、マタギがアイヌ語だとしたら、その辺はすっきりと理解できる。マタギの原義が「狩猟」だったらしいことも、これを裏付けている。アイヌにとって、狩猟は主要な生業の一つなので、当然それを指す言葉はなければならない。だが、猟師ことに職業猟師など存在しなかったに違いない。男ならみな、「職業猟師」だったはずだからである。もし、それを指す言葉があったとすれば、「男」と同義になっていたろう。

ただし、右に述べた考え方の障害になる事実が少なくとも一つある。四国の一部に狩人を意味する「マトギ」なる語があったことである。柳田國男、倉田一郎編『分類山村語彙』には、「マトギ」について次のように説明されている。

「東北で狩人を謂《い》ふマタギといふ語と、もとは一つであつたと考へられるが、四国だけに遺つてゐるこの語は狩猟のことである。土佐では既に文化十四年（一八一七＝引用者）の鹿持《かもち》氏（土佐の国学者、鹿持雅澄＝引用者）の採集に、幡多《はた》郡でシシガリをマトギと謂つた旨見えてゐるが、今も十川《とおかわ》あたりでこの語を聴くことが出来る。四国山脈よりの檮原《ゆすはら》でもマトギは郷土男子の秋から冬への楽しみの一つと数へられてゐた（村誌）。伊予の宇和の山地にもまだかなりこの詞《ことば》は弘く使はれてゐるらしい（旅と伝説八巻一号）。瀬戸内海に面した地方ではもう耳にすることもないが、讃岐あたりでさうした獣類を獲る者をマトゥの者と呼んでゐるのは、或はその遺孽《いげつ》かもしれない」

柳田らが、マタギとマトギを同語源とみなしたことは、その音と意味の近似から考えて無理もなかった。これは、たしかに古い時代、中央の日本語に「マタギ」の語があって、それが長い年月がたつあいだに中央では消えてしまったが、東北や四国の山奥のような辺陬《へんすう》に残存した可能性をうかがわせる。マタギのアイヌ語起源説が、ほとんどとなえられることがないのも、右の事実と、それを指摘したのが柳田國男という大学者であったことが大きく影響しているのではないか。

しかし、この説には無視できない弱点が二つある。

まず、東北やそれに接した山間地および四国の一部を除いて、これに類する言葉が全く知られていないことである。そうして、八世紀の記紀万葉のころまでさかのぼっても、この語を記録した文献は、ほかではただの一つも見つかっていない。つまり、中央に「マタギ」の語が存在していた証拠は何もないことになる。

次に、マトギは「的木」、マトゥの者は「的の者」と解釈しうるという点がある。猟師と「的」とは関連が深い。例えば、前記の実川《さねがわ》（新潟県阿賀町実川。全戸離村によって、すでに消滅）では、正月二日にシハンブチ（的撃ちの行事）があり、集落の猟師は氏神に詣でたあと的場に集まって的撃ちをすることが慣例になっていた（佐久間惇一『狩猟の民俗』二八五ページ）。このような習慣を背景に、狩猟をマトギ（的木）、猟師をマトゥの者（的の者）と称するところがあったとしても何ら不思議ではあるまい。すなわち、マタギとマトギは他人のそら似だといえる。

【コラム】⑥　秋田の一角へ追いつめられたのではないか

狩猟・採集・漁撈民族は、世界のどの地域においても、そう大きな人口集団を形成することがなかった。食糧を原則として野生の動植物に頼る以上、どうしても人口増加が抑えられるからであろう。農耕民が支配する土地が拡大するにしたがい、彼らの食糧確保は、ますます困難になってくる。

北海道アイヌの人口は、幕末から明治の初めごろで二万人台であったと推定されている。当時、列島全体の人口は三〇〇〇万人を超していたから、居住圏の広さにくらべて著しく人口密度が低かったといえる。

東北地方のアイヌについては、ある時代、例えば西暦一二〇〇年とか一五〇〇年とかにどれくらいの人口があったのか、いっさいわからない。ただ、日本の中世に当たる時期にも、自他ともにアイヌと認める人びとが東北にも住んでいたことは間違いあるまい。明治になってさえ、彼らが少数ながらいたことを考えれば、そう推測するのが自然である。

そのころ東北地方のアイヌと和人とは、別に対立・抗争していたわけではなく、居住地を住み分けて共存していたと思われる。アイヌは基本的に狩猟・漁撈民であり、和人は農耕民であった。両者の利害が衝突することはあっても、それはそう深刻なものではなかったろう。だからこそ、東北北部に何千ものアイヌ語地名を付け、それが今日に残されたのである。双方が戦闘を繰り返す状態がつづいていれば、アイヌ語の地名が和人社会に伝わることはなかったに違いない。

しかし、そうはいっても、農耕社会の方が生産性も人口の増殖率も高い。徐々に、あるいは時代と地域によっては急速に、和人はアイヌ人を吸収・同化しながら、その暮らしと文化を蚕食していったようである。コタンは年月の経過とともに数を減らしていった。

そうして、コタンの消滅や構成員の和人化が進むと、残っていた者たちは生活に窮することになる。それは現在の限界集落のありように似ていた。まわりが和人だらけになれば、精神的にも追いつめられることになる。

そのような状態に置かれたとき、彼らは、まだ仲間がいる、より大きなコタンへの移住を考

えたはずである。第三章6節で紹介した、

・三内《さんない》（青森市三内）にアイヌ部落があったが、爺さん婆さん二人きりになり、どうにもならないので、北海道の白老《しらおい》（白老郡白老町）に行った。明治初年のことらしい。

・東田沢（青森県東津軽郡平内《ひらない》町東田沢）にアイヌがいたが、爺さん一人になり、北海道の平取《びらとり》（沙流《さる》郡平取町）辺に行った。明治十三年（一八八〇）のことである。

・東滝（平内町東滝）のアイヌ、貝原与三郎は明治九年に明治天皇の奥羽ご巡幸の行列を拝し奉ったあと、北海道古平《ふるびら》（古平郡古平町）の同族を頼って移住した。

などは、一九世紀におけるその例だといえる。

いつかは不明ながら、おそらく中世のある時代（それは何百年以上にわたっていたかもしれない）に、これと同じようなことが、もう少し大がかりに東北北部のアイヌ語地名帯の中で起きていたのではないか。それは、とくに山の猟師たちのあいだで見られ、その移住先が現秋田県の北部から中部の奥羽山脈西麓に近い山間地であったらしく思われる。そこがすなわち、のちにマタギ集落の集中地域として知られることになる、現在の北秋田市阿仁や仙北市上桧木内である。

東北地方のマタギが使っていた鉄砲や熊狩り用の槍。岩手県西和賀町の碧祥寺博物館で。

典型例は阿仁根子で、ここは遅くとも江戸中期には全戸がマタギの集落として資料に現れる。既述のように、根子は昭和十一年（一九三六）になっても、八五戸のすべてがマタギを稼業にしていた。これほど大規模ではなくても、阿仁や上桧木内には似たような集落が少なくなかった。右と同じころで、たぶん計数百戸から一〇〇〇戸前後のマタギ稼ぎの家があったろう。

日本のような狭い国土の一角に、二〇世紀になっても、これだけの狩猟民が集まり住んでいたのは尋常のことではない。周辺の山野を猟場にするだけではとても生きていけず、だから東北南部や中部地方の山奥まで出かけていたのである。それは、農耕社会から出た狩人の生きざまとは、とても考えがたい。

そのうえ、彼らはアイヌ語をまじえた隠語を用いていた。彼らの故地には、おびただしいアイヌ語地名が残存している。これが、わたしがマタギはアイヌの直接の子孫だと述べた理由である。

しかし、マタギたちも、いつのころかにアイヌ語を忘れるとともに、和人との混血・同化も進んで、自らがアイヌ出自であったという記憶まで失ってしまう。そういう変化の中にあっても、なお自他ともにアイヌだと意識していた人びとが、東北北部のあちこちにわずかながら散在していた。それが、近世および近代の東北地方で観察されたアイヌ人であったと思う。

第七章　南限線の周辺──とくに宮城県北部の場合

1　アイヌ語地名帯の南限

東北地方の一部に、アイヌ語地名が散在することは、はっきりしている。これは、すでに証明ずみで、この指摘に反対したり、疑問を呈したりする人は、まずいないのではないか。わたしは、ほぼ確実にそうだろうといえるものまで含めたら、その数は数千を下らないと考えている。

しかし、それがどこまで及んでいるかになると、さまざまな線引きが提起されて、いまのところ、だれもが首肯できる説は現れていない。

アイヌ語地名の分布域など、そもそも頭に置いていない人びとも少なくない。日本全国どこの地名だろうと、アイヌ語で解釈することは、明治時代に来日したイギリス生まれの日本研究者、バジル・H・チェンバレン（一八五〇──一九三五年）や、やはりイギリス出身のキリスト教宣教師でアイヌ研究者のジョン・バチェラー（一八五四──一九四四年）あたりに始まり、いくぶんか形は変えながら今日まで連綿としてつづいている。アイヌは日本列島の先住民だから、関東はむろん九州や四国にも、その言葉で付けられた地名が残存していて当然、いやそうでない方がおかしいというのであろう。

これに対して、わが国におけるアイヌ語学の権威、金田一京助氏（一八八二―一九七一年）は、勿来《なこそ》の関と白河の関を結ぶ線より北側を主張していた。東北地方と新潟県の北部までとしていたのである。

一方、金田一氏の協力も得て、アイヌ語地名を初めて科学的に分析したといえる山田秀三氏（一八九九―一九九二年）は、「アイヌ語地名の濃厚地帯」は山形県の最北部と宮城県の北半部までとの立場であった。ただし、山田氏は東北地方のもっと南にも少数ながらアイヌ語地名が見られるとし、晩年には関東地方にも、その可能性をさぐる試みをされていた。

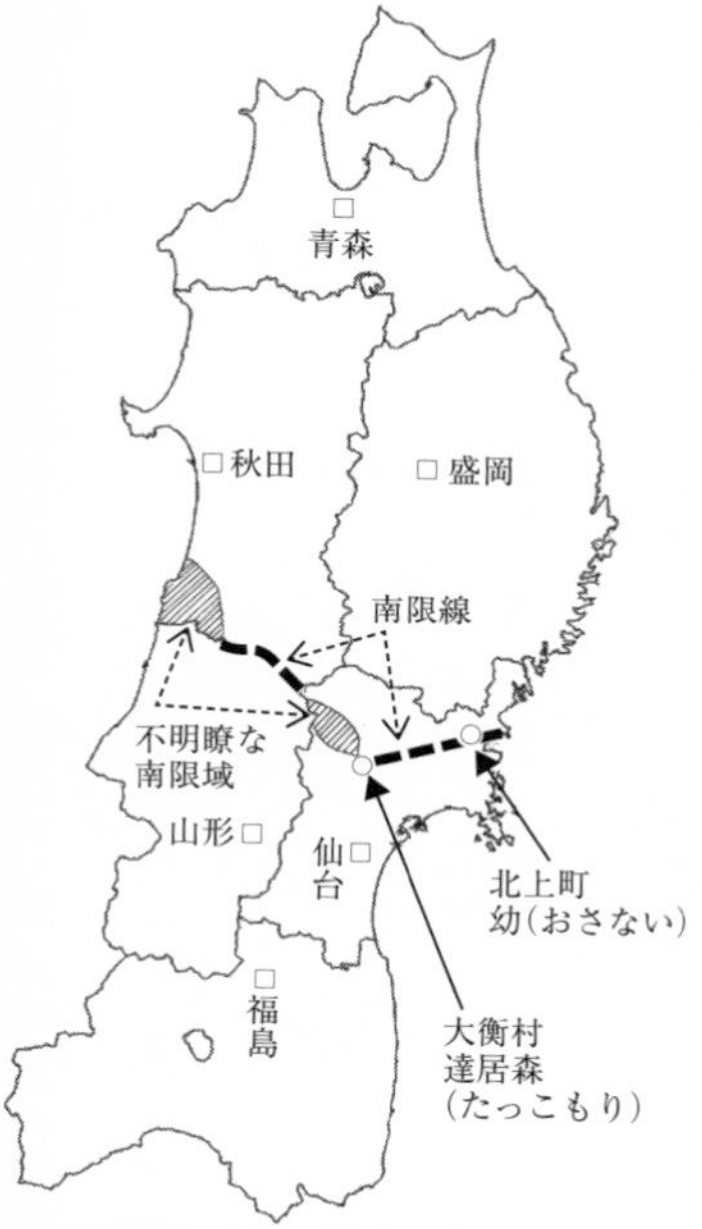

アイヌ語地名帯の南限線と南限帯の図。宮城県石巻市北上町幼（おさない）と同県大衡村大瓜の達居森（たっこもり）は、ともにアイヌ語に由来することが確実であり、これを結ぶ線を奥羽山脈東側の南限としておいた。

卑見は、その範囲を従来のどの説よりも狭くとっており、アイヌ語地名は北海道のほかでは青森、岩手、秋田の東北北部の三県および宮城県の北部三分の一までであたりにしか分布しないという立場である。理由は、わたしの現地調査と、資料とくに国土地理院の五万分の一図をはじめとする地図類の観察結果によっている。その具体的な内容は、既刊の拙著『アイヌ語地名と日本列島人が来た道』『アイヌ語地名の南限を探る』に延々と記してあるので、ここではアイヌ語地名の南限線、南限帯を示す図を掲げておくだけにしたい。ただ、これに少し説明を加えておくと、奥羽山脈の西側では、沿海部を除き秋田・山形県境とほぼ一致する、きわめて明瞭な線を引くことができるのに、東側では宮城県仙台市街の北方二〇キロあたりを東西に走る、これといって特徴のない、かなりぼやけた線になる。

この点については、地名の分布域という性格から考えて、むしろ東側のように、ぼんやりしている方が自然で、線が県境と重なるのは、かえって不思議な現象のように思われる。しかし、わたしが調べたかぎりでは、そのような結論になった。と聞いても、なお不審をおぼえられる方は少なくあるまい。そこで次節では、山形県を中心に取上げてみることにしたい。

2　山形県にはアイヌ語地名が見当たらない

秋田県と山形県の境をなしているのは、さして高くない山脈である。山脈は奥羽本線（秋田・山形新幹線）や国道13号が走るあたりでとぎれたように低くなっており、それより東を神室《かむろ》山地、西を丁岳《ひのとだけ》山地と呼んでいる。この二つの山塊のうち、西側の日本海近くに位置する鳥海山（二二三六メートル）付近は例外的に高いが、あとはせいぜいで一三〇〇メートル台の峰が二つほどあるにすぎない。つまり、自然の障壁としては、たいしたことはないといえる。

ところが、このすぐ北側には、ナイ（川、沢）が付くアイヌ語地名にかぎっても、さがせば箇単に見つかるくらい濃密に分布するのに、山を南へ越えたとたん、ぱたりと消えてしまうのである。ナイ以外についてみても、わたしの取材では、やはり確かめることができなかった。それは本当に不可解な現象で、この県境にはあたかも地名の急峻な崖が横たわっているかのごとくである。

右は、もちろん卑見であって、これを否定する指摘は少なくない。というより、管見の及んだかぎりでは、みなそうであった。ことに、アイヌ語地名は列島の全域に残存するという立場をとる人びとが、山形県にはないなどとするはずがない。しかし、それらのいちいちに反論することはとうていできないので、ここでは金田一京助氏と山田秀三氏の説に対してのみ、わたしの考えを述べておきたい。

金田一氏は、古代史に登場する「蝦夷《えみし》」とはアイヌ民族のことだとしていた。蝦夷は文献によれば、いまの東北六県と新潟県の北部に居住していたとされているから、当然、アイヌ語地名も、その地域の全体に残っているとの立場になる。それを同氏は、「勿来の関と白河の関を結ぶ線より北側」と表現していた。

金田一氏の講演（一九六二年）の筆記録「奥州蝦夷種族考」（二〇〇四年、平凡社から出版された同氏の『古代蝦夷とアイヌ』所収）には、東北六県に分布する「ナイのつく地名」およそ三〇〇ヵ所が各県別および旧郡別に列挙されている。そのうちの山形県分は次のとおりである（ルビは金田一氏による）。

北村山郡　紅内《クレナイ》　神内《ジンナイ》

東村山郡　喜内《キナイ》　木内《キナイ》（天童の内）
西村山郡　藤内《トウナイ》
南村山郡　今内山《コンナイざん》
東置賜郡　反内《タンナイ》　屋岸内《ヤキシナイ》　九内《クナイ》　矢内《ヤナイ》
鶴岡市　屋岸内《ヤギシナイ》

何を出典にしたのかはっきりせず、詳しい場所も示されていないので、東村山郡木内、南村山郡今内山、東置賜《おきたま》郡屋岸内、同郡矢内については、どこを指しているのか、わたしは確認できていない。

秋田県南部に残るアイヌ語地名の分布図。おおむね湯沢市街より南のナイ地名のみをひろった。16ヵ所になる。

この四つを含む一一の地名を眺めていて、すぐ気づくのは多くが人名のようなひびきをもつことである。それはジンナイ、キナイ、トウナイ、コンナイ、タンナイ、クナイの六つ、のべ七ヵ所に及んでいる。ただし、神内が、

・酒田市飛鳥字神内

のことだとしたら、これは「カミナイ」と読むようなので、右には当たらないことになる。酒田市は昭和八年（一九三三）に市制を施行するまでは飽海《あくみ》郡に属していた。

金田一氏が挙げた山形県のナイ地名が、アイヌ語由来にしてはいかに不自然かは、氏自身の前掲書に見える秋田県

雄勝《おがち》郡のナイ地名とくらべてみると、よくわかる。旧雄勝郡は同県の最南部の奥羽山脈寄りに位置して、山形県に接している。同氏が並べた地名は、

西馬音内《ニシモナイ》、田子内《タコナイ》、生内沢《オボナイざわ》、鹿内《シカナイ》、佐内川《サクナイがわ》、米内沢《ヨナイざわ》、猿半内《サルハナイ》、上《かみ》・下院内《しもインナイ》（町、銀山）、長子《チョウシ》内嶽《ナイだけ》、宇留院内《ウルインナイ》、役内《ヤクナイ》（八口内《ヤクナイ》）、薄久内《ウスクナイ》、茂内沢《モナイざわ》

の一三ヵ所である（ルビは原文のまま）。

人名の可能性がありそうなのは、佐内（ルビではサクナイだが）くらいといってよいだろう。しかも、山形県の人名のようなナイ地名でさえ、それが現れるのは同県のずっと南の方にかぎられている。要するに、金田一氏が列挙した山形県のナイ地名は、いずれもアイヌ語由来とするには証明が不十分というしかない。

一一ヵ所のうち、北村山郡の紅内は現行の住居表示では、

・尾花沢市鶴子《つるこ》字紅内《くれない》

になる。ここは、秋田・山形県境としては最南部に近い神室山（一三六五メートル）からでも四〇キロばかりも南に位置しており、もはや山形県も中部に入っている。

山田秀三氏は現地調査にもとづいて、このクレナイをアイヌ語だと断じていた。氏は、ここのことを著述の数ヵ所で取上げているが、『東北・アイヌ語地名の研究』一四四ページでは次のように述べている。

「ここから秋田県境まで、つまり山形県北辺にはアイヌ語型のナイが余りなく、丹生《にう》川上流の紅内ぐらいしか今の地図にはない。但しその紅内は行って見ると鉄分を含んだ水が流れている場所

で、正にフレ・ナイ（赤い・川）の訛りであろう」

さらに、『アイヌ語地名の研究』第一巻の一二四ページでは、

「とにかく沢に入って見たら川石があまりにも鮮麗な赤色なので驚きました」

とも記している。

アイヌ語「フレ hure」は「赤い」という意味である。日本語ではk音とh音とが交替しやすいことが知られており、フレがクレに訛ることは十分にありえる。だから、もし紅内のあたりで、本当に川の石が赤ければ、山田氏の指摘は、かなり高い確度で裏付けられることになる。

わたしが紅内を訪ねたのは、平成二十八年（二〇一六）十月のことであった。紅内は一〇戸に満たない小集落だが、そこと外部を結ぶ実質的には唯一の通路である紅内橋から下の丹生川を見下ろしても、どこも赤いとか茶色っぽいという印象は全く受けなかった。

それは、わたしだけの感じではない。紅内と対岸の市野々《いちのの》の年配の住民合わせて四人に訊いても、「川が茶色になったところなどない」とか「そんな場所があることは耳にしたことがない」と口をそろえたのである。

ここの地名がフレナイなら、また改めて考えてみる必要があるだろう。しかし現実の発音は、あくまでクレナイである。そうして、川が赤いとする人にも会えない以上、山田説には疑問があるとするしかない。

紅内は山間の一寒村で、過疎化が始まる前から一〇戸を超えたことはないようである。ここが丹生川対岸の市野々の出村として成立したことも、まず間違いないと思われる。紅内は高倉山

（六九四メートル）の西麓に位置し、日当たりが悪い。それが開発が遅れた一因でもあったろう。ただ、朝が遅い半面、夕方はなかなか日が落ちない。それで、「暮れない」と呼ばれるようになり、のち「紅内」の文字に変えた、この一帯の人びとなら、たいてい知っているそういう地名説話がある。実際、本村の市野々側から見れば、いかにも「暮れない」土地である。それが本当に地名の起源かどうか即断はできないが、日本語でいちおう解釈しうるとはいえる。

3　宮城県北西端の三つのアイヌ語地名

山形県では、わたしにはいままでのところ一つも見つけることができていないアイヌ語地名が、東隣の宮城県になると、確実なものだけで五つ、その可能性がかなり高そうなものを含めたら、一〇くらいは挙げられる。それらを順に紹介していきたい。

まずは岩手・宮城県境にそびえ、秋田県境にもごく近い栗駒山（一六二七メートル）の南西麓からである。

ここの江《え》合《あい》川（北上川水系）上流域に、

・大崎市鳴子《なるこ》温泉鬼首《おにこうべ》　字保《ほ》呂《ろ》内《ない》と保呂内沢

・同市鳴子温泉鬼首字岩入《がにゅう》の鎌内《かまない》沢

一迫《いちはさま》川（北上川水系）上流域に、

・栗原市花山字本沢《ほんさわ》穴ノ原の年内《としない》沢

があり、これらがアイヌ語に由来することは、ほとんど疑いない。

右のホロナイ（保呂内）は、アイヌ語「ポロ（大きい）・ナイ（沢）」の日本語化で、その語義のとおり、江合川の源流から軍《いくさ》沢との出合までのあいだにある十数本の支流の中では、いちばん大きい。それゆえ、この一帯に住んでいたアイヌ人たちはポロナイと名づけたのである。このあたりのことについては、第四章1節でもっと詳しく触れておいた。なお、字保呂内は、川の名が地名にもなった例の一つで、アイヌ語でも日本語でも、しばしばみられる。

鎌内沢のカマナイも、アイヌ語で完全に解釈できる。カマとは「平たい岩盤」のことだが、この沢には、その意味に合致する場所があり、五万分の一図にも載っている。そこはいま「段々滝」と呼ばれ、沢の源流近くに位置する。

宮城県内のアイヌ語であることが確実か、その可能性がある地名の分布図

沢口の集落、岩入にはもうほとんど人家がなくなったが、わたしが平成二十八年（二〇一六）十月下旬、数少ない住民の一人、高橋幸悦氏（一九三五年生まれ）からうかがったところでは、段々滝は滝というより、巨大な洗濯板をやや斜めに立てたような岩盤上の急流らしい。水は

宮城県栗原市穴ノ原の一迫川べりの岩にうがたれた浅い洞窟状の穴。このような穴が、あちこちにある。

そう大量には流れておらず、傾斜もきつくないから遡行《そこう》は難しくない。鬼首のあたりでは、それを「イタ（板）」と称するそうである。

つまり、その板のような岩盤を日本語で「段々滝」といい、アイヌ語では「カマ」といっていたことになる。

栗原市花山の年内沢は、温湯《ぬるゆ》温泉という、つかるのに難儀するほど高温の湯で知られる秘湯の南二キロばかりで、一迫川《いちはさま》に落ち込む小渓流である。

トシナイは、アイヌ語の「トシㇽ・ナイ（沢）」の可能性が高い。トシㇽ（tosir）とは、知里真志保氏の『地名アイヌ語小辞典』では、

「川岸の下の穴、川岸の下の土が流れて草や木の根などが庇《ひさし》のようにかぶさっている所。――そういう所に昼間は魚がかくれているので漁の上では注意すべき地形だった」

と説明されている。

しかし、これはトシルの語が指す地形のうちの、あくまで一つの類型ではなかったか。僭越にも、わたしがそう考えたのは、現地調査の結果からである。

年内沢の沢口には、かつて数十戸の集落があった。穴ノ原といい、寺院もあったらしい。だが、平成二十一年（二〇〇九）ごろに最後の家が離村して、いまは無人になっている。家の跡も残っておらず、村中の道ももう歩けない状態である。

この穴ノ原の「穴」とトシルとは、同じ地形上の特徴によって付いた名であるらしく思われる。現に、この付近の一迫川の岸には、岩にうがたれた浅い洞窟のような大小の穴があちこちに見られる。これをアイヌ語でトシル、日本語で穴といっていたのではないか。

わたしが目にした穴は、一ヵ所で一、二個しかなかったが、もっと集中しているところがあるのかもしれない。ひょっとしたら、一迫川ではなく年内沢にそんな場所があって、だからトシル・ナイの名が付いたこともありえる。その辺を確かめたいと思っても、もう穴ノ原にはだれも住んでいないのだった。

いずれにしろ、ここのトシルは、知里氏が記したような穴とは違う気がする。

4　最南部の「川尻が乾いた沢」

東北地方の大河、北上川の河口に近い左岸（北岸）に、

・宮城県石巻市北上町女川《おながわ》字幼（おさない）

という、珍しい字を書く小地名がある。岩手県境から南へ二〇〇キロ余り離れている。

この女川は、すぐ南方の漁港で知られた牡鹿《おしか》郡女川町とは違う。河口から三キロばかり上流で、北上川に合流する大沢川を二・五キロほどさかのぼった一帯の大字名である。そこの中心部に北から落ち込む小流れがあり、幼はその上流域に位置している。国土地理院の五万分の一図など普通の地図には載っていない。ただし、グーグルやヤフーの地図では検索することができる。

大沢川の、その支流には、いまは名がない。少なくとも、わたしは知っている住民に出会えなかった。それほど、ささやかな小沢である。さらに、ふだんは水が流れていないことも名無しですんでいる理由ではないか。

しかし、かつてはアイヌ人たちが、この沢にちゃんと名を付けていた。「オ・サッ・ナイ」が、それである。すでに何度か記したように、オ（沢尻が）・サッ（乾く）・ナイ（沢）の意であり、日本語化してオサナイとなり、いつのころからか「幼」の文字を当てるようになって今日に至ったのである。

これは単なる想像でもなければ、こじつけでもない。この支流は、はっきりとオサッナイの特徴をもっている。令和元年十月上旬、わたしがここを訪ねたとき小雨が降っていたが、大沢川との出合から五〇〇メートルくらい上流までのあいだ水が全く涸れきっていた。それが、ふだんの状態らしい。幼集落は現在、二〇戸ほどである。そのいちばん奥に住む夫婦（夫は一九六二年の、妻は六七年の生まれ）は、こもごも次のように語っていた（文章体になおしてある）。

「前の沢には、とくに名前はない。この家から一〇〇メートルばかり下流に翁倉《おきなぐら》橋がかかっているが、その少し上から大沢川までは、まとまった雨が降らないかぎり完全に涸れている。ところが、それより上流は、いつも水が流れていて、以前はヤマメがいた。近ごろでは、どうしたわけかほとんどいなくなった」

この家のあたりでは、沢は小さいながら普通に水が流れていた。それが翁倉橋の下では川床がむき出しになっている。五〇メートルほど上流で沢の水が地下にもぐっているのである。すなわち、この沢がオサッナイであることに一点の疑いもない。

「川尻が乾く川（沢）」と聞いても、多くの人にはぴんと来ないのではないか。わたしも、アイヌ語地名の現地取材を始めるまでは、そうであった。そんな川など見た記憶はなく、具体的なイメージがわかなかったのである。だが、東北各地のオサナイを見て歩いた結果、本当にそう表現するしかない川があることに気づかされたのだった。ここも、その一つである。

石巻市北上町幼の翁倉（おきなぐら）橋から名称不明の沢を見下ろす。まとまった雨が降らないかぎり、いつも川床がむき出しになっている。

第二章4節に掲げておいたモヤ、タッコ、オサナイ合わせて三七ヵ所の分布図には、わたしがこれまでに知りえたオサナイ一〇ヵ所が含まれている。そのうち、オサッナイと判断しうるのは七ヵ所で、その最南部に位置するのが石巻市の幼ということになる。

なお、二ヵ所はオ・サン・ナイ（山の尾根が・突き出した・川）が、残る一ヵ所は、はっきりしないもののオ・サル・ナイ（川尻に・草原がある・川）が、オサナイに訛ったのではないかと思われる。

ともあれ、女川の周辺にアイヌ人が住んでいた時代があり、そこの小渓流を自分たちの言葉でオサッナイと呼んでいたことは間違いない。しかし、いつの間にか彼らは和人に同化するか、いずれかへ立ち去って、それが沢の名であることは忘れられてしまう。そうして、そこに近い集落の名としてのみ残ったのである。

幼の北西一〇キロくらいの北上川べりに、
・登米《とめ》市津山町柳津《やないづ》字黄牛《きうし》
ここから北へ三キロたらずの、やはり北上川沿いに、
・登米市登米町日根牛《ひねうし》
があるが、このキウシ、ヒネウシも、おそらくアイヌ語であろう。

コラム④で述べたように、永田方正《ほうせい》が北海道で採集した六〇五二の地名のうち、概数で二三％にナイが、一〇％にペッが、九％にウシが付くことが山田秀三氏によって確かめられている。当然、東北地方のアイヌ語地名にも、ウシ地名が一割前後あっておかしくない。山田氏によると、ウシは（名詞のあとについて）「群生する、群在する、ついている」の、（動詞のあとでは）「いつも……する」の意になるという。

山田氏は『東北・アイヌ語地名の研究』一三八ページで、

「日根牛はピンニ・ウシ（やちだも・群生する処）か」

と記している。

ヤチダモはモクセイ科の落葉喬木だが、かつてここにその木が群生していたかどうか、いまとなっては確かめようもない。

一方、キ（ki）には「茅《かや》」の意がある（『地名アイヌ語小辞典』）といい、キウシは「茅の群生地」を指す可能性がある。だが、これも植生の話であり、結局、「そうかもしれない」というまでで、オサナイ（幼）のように確度の高い推測にはならない。

5　仙台市街の北二〇キロ余りの達居《たつこ》森《もり》

宮城県の北端から南端へ向かって半分近くも下がった、
・黒川郡大衡《おおひら》村大瓜《おおうり》字達居（たっこ）
のあたりは、土地改良を終えた長方形の広々とした水田がつづいて、見るからに生産性の高そうな農村地帯である。

それなのに、どういうわけか、この一帯には民家が少なく、まとまった戸数の集落はない。これは第二次大戦後の過疎化によるものではなく、その前からのことらしい。

その一角に、達居森（二六三メートル）がそびえている。次ページの写真をご覧いただくとわかるように、実にみごとな三角山である。ただし、この山は東西に延びた山稜の東端に位置しており、独立峰ではない。それを北ないし北東側から眺めたときにのみ、きれいな三角形に見えるのである。わずかに移動すると、まるでうそのように、ごく平凡な格好に変わってしまう。

山の北麓の小集落が達居だが、わたしが平成二十八年（二〇一六）四月に、ここを訪ねた折り達居には民家は二戸しかなかった。

「タッコ」の音をもつ地名または山名は、わたしが確認できただけで東北地方に一六ヵ所ある。一五ヵ所は第二章4節に掲げておいた分布図に載せてあり、新たに気づいた一ヵ所は第四章6節に紹介してある。大衡村の達居は、その最南部になる。ここは緯度では、宮城県の中間より少し南に位置する仙台市から北へ二〇キロ余りしか離れていない。

タッコは既述のように、アイヌ語のタプコプ（タㇷ゚コㇷ゚）が日本語化した言葉で、その意味は『地名アイヌ語小辞典』では、

「①離れてぽつんと立っている円山。孤山。孤峰②尾根の先にたんこぶのように高まっている所」

とされている。山田秀三氏も、これとほぼ同じ見解をもっていた。

宮城県大衡村の達居森を北東側から望む。少し位置をずらすと、全く違った形に見える。

卑見は、これとは少し違う。形状は東北地方にかぎれば、むしろ三角山が一般的で、しばしば信仰の対象になっていた。そうして、そのような山を望むのに適当な場所すなわち遥拝所を含む概念であった。

いずれにしろ、アイヌ語に由来することが確実であり、大衡村の達居は、わたしが知りえた疑いもないアイヌ語地名のうち、もっとも南に位置している。

この近く、達居森の二キロほど北北西には、女《め》達居《だっこ》山（二〇七

メートル）というのもある。この山になぜ、タッコの名が付いているのか、わたしにはわからない。達居森を眺めることができる善川《ぜんがわ》沿いの平坦地からは、ふんわりとした感じの山に見え、ほかから独立してもいない。

しかし、そのような名で呼ばれている以上、この山が特徴的に映る場所が、どこかにあるのではないか。

ともあれ、達居森の麓の周辺に、かつてアイヌ人が暮らしていたことは間違いない。ここら辺が農村として、いまひとつ発展していないらしいのは、あるいはそのせいなのかもしれない。

6　イナイ、シナイ、コズナイ

宮城県大衡村達居森より、緯度ではさらに南にもアイヌ語らしき地名が見つかる。

- 石巻市井内（いない）
- 宮城郡松島町幡《はた》谷《や》の品井沼（しないぬま）
- 黒川郡大郷《おおさと》町不来内（こずない）

などである。

井内のJR石巻線の駅は「稲井」の文字を用いているが、音は同じ「イナイ」である。井内はイウチとかイノウチと読まれやすいので、漢字を変えたのではないか。

これはアイヌ語のナイ地名の可能性がありそうに思えるが、わたしには意味がわからないうえ、イナ・イという日本語かもしれず（この場合も、やはり語義は不明だが）、結局、こういう地名もあるといった程度の話を出ない。

　これにくらべると、品井の方は、ずっとアイヌ語の可能性が高いといえる。

　品井沼は現在、干拓されて広大な水田地帯になっているものの、もとは吉田川（鳴瀬川の支流）沿いの沼であった。山田秀三氏は、このシナイをシ・ナイ（大きな・川）の意かもしれないと考えていた。『地名アイヌ語小辞典』では、シには、

「真の、本当の、大きな、二つ並んだうちの大きい方の」

の意味があるとなっている。

　いま吉田川にかかっている品井沼大橋付近から眺める吉田川の風景は、たしかに広々として「大きな川」と呼ぶにふさわしい。つまり、シナイをアイヌ語としても、現場の地形と合うことになる。

宮城県大郷町不来内（こずない）あたりの吉田川と品井沼大橋

　しかし、シナイは日本語でシナ・イと解釈できないこともない。シナとは、地形語では「段差のついた土地」を指す。長野県（信濃国）にことに多いタテシナ（立科、蓼科）、アサシナ（浅科）、アカシナ（明科）、ハニシナ（埴科）などのシナである。イは水路（とくに農業用水路）を指すと考えることもできる。
　要するに、アイヌ語だろうとは言いきりにくいのである。不来内は、かつての品井沼に臨んだ微高地の地名である。印象深い文字を当てているためもあるのだろう、これをアイヌ

語地名だとする人は少なくない。住民もたいてい、そういう指摘があることを知っている。

実際、コズナイは日本語では、その意味がはかりがたい。ただし、それはアイヌ語でも同じであり、ここの地名、地物の特徴が語義に合致するのかどうか判断しようがないことになる。

右に述べたように、イナイ、シナイ、コズナイには曖昧さが残るとはいえ、この三つは比較的せまい範囲におさまっているだけでなく、本章4節で取上げたオサナイ（幼）、キウシ（黄牛）、ヒネウシ（日根牛）や前節のタッコ（達居）からも遠くない。

そうである以上、これらは、お互いに相おぎなって、この地域がアイヌ語地名帯であったことを一定程度、裏付けているとしてもよいのではないか。

7　内崩《ないくずれ》はアイヌ語と日本語の合成地名かもしれない

これまでに挙げてきた、どれよりもさらに南、仙台駅から西へ二〇キロばかりに、
・仙台市青葉区上愛子《かみあやし》字内崩（ないくずれ）
という変わったひびきの、そして不思議な地名がある。

ここは、ＪＲ仙北線熊ヶ根駅の広瀬川をはさんだ対岸の急傾斜地になる。国土地理院の地図には載っていないが、グーグルやヤフーでは検索できる。

平成二十八年（二〇一六）四月、わたしは東側から未舗装の山道をたどって内崩を目ざしていた。もとの集落とおぼしきところに何戸かの廃屋があり、放置された車もあった。人の姿は全く見当たらなかった。わたしは、すでに全戸が離村したと思い、来た道を引き返していった。途中

で車を停めて、斜面のはるか下の広瀬川や、それと平行して走る仙北線、国道48号（作並《さくなみ》街道）などを見下ろしていると、内崩の方から車が降りてくる。わたしは、集落のことを聞きたくて手を挙げた。向こうも、こちらが気になっていたらしく、すぐに車から降りてきた。

のちに昭和二十六年（一九五一）生まれだと言った、相手の男性は、わたしの問いに答えて次のようなことを話してくれたのだった（文章体になおしてある）。

「自分は内崩で生まれて、小学生のときまであそこに住んでいた。いまは麓の方の町場で暮らしている。今日は山菜採りに来た。内崩には以前は七戸あったが、現在は二戸しかない。一戸は九〇歳くらいのおばあさんが一人だけの家で、生活に必要なものは息子が届けている。もう一戸は母親と娘の二人暮らしだ。二戸があるのは、廃屋が残っている少し奥の方になる。

仙台市青葉区上愛子内崩の名称不明の沢。崩落した、ひとかかえほどの岩がごろごろ転がっている。

ここらあたりは、とても崖崩れが多い。昔もよく崩れたし、いまも毎年のように崩れる。住民は農業を中心とした仕事をしていた。下の方の広瀬川沿いに、けっこう田んぼがあった。いつから人が住んでいるのかわからないが、明治十三年（一八八〇）に死んだうちの先祖の墓があるので、江戸時代の終わりごろには人がいたはずだ」

男性の説明を聞くまでもなく、ここの斜

面に崩落地が多そうなことは車を走らせているだけで容易に想像がついた。いや、広瀬川の対岸から遠望しても、そんな感じがするほどであった。実際、山道がときどき渡っている沢には、水の代わりに上流から流れ落ちてきた、ひとかかえもある岩石が散乱している場所がいくつか目についた。

つまり、地名の「崩《くずれ》」が崩落地を指していることは、まず疑いあるまい。しかし、その上に付く「内《ない》」とは何のことだろうか。これが純然たる日本語だとしたら、わたしには意味するところが全くわからない。

一方、アイヌ語のナイ（川、沢）だとの仮定に立てば、この地名は現場の地形にぴったり当てはまることになる。本当に、あちこちで沢が崩れているからである。この解釈に間違いがないとすると、内崩はアイヌ語と日本語との合成によってできたといえる。

そのような地名は、まれに存在するらしい。金田一京助氏は、それを「半訳地名」と呼んでいた。同氏は、その例として、

・岩手県二戸市金田一《きんたいち》　アイヌ語「キムタ（山中の）」と日本語「イチ（市場＝人が集まるところ）」の合成語
・秋田県鹿角《かづの》市尾去沢《おさりざわ》　「オサㇽ（川尻に葦原がある）」と「サワ（沢）」

などを挙げていた。

わたしは、これらよりもむしろ、

・岩手県遠野市栃内《とちない》字西内《にしない》　「ニシ（西）」と「ナイ（沢）」

・同県下閉伊郡岩泉町畳野字畳野《ほろの》 「ポロ（大きい）」と「ノ（野）」

などの方が右の可能性が高いのではないかと考えている。

とにかく、内崩が合成地名だとすれば、ここら辺にまでアイヌ人が南下していた時代があったことになる。その言語が方言のようにして残っており、それゆえアイヌ語と日本語をくっつけたかのごとき不思議な地名が生まれたのではないか。

本章1節に掲げておいたアイヌ語地名の南限線、南限帯の図は、わたしがこれまでに知りえたアイヌ語に由来することが確実か、ほぼそういえる地名をもとにしている。これによれば、その範囲は宮城県では面積にして北部のおよそ三分の一を占めているが、もし内崩のあたりにもっと別のそれらしい地名が確認されたら、南限線をここまで下げなければならないだろう。

その意味で気になる地名が仙台市青葉区茂庭《もにわ》（仙台城＝青葉城の六キロほど南西）など一、二ある。ただ、まだ現地調査をしておらず、ここに何か記せる段階ではない。

なお、わたしは近代、いや近世にさかのぼっても、宮城県にアイヌ人が居住していたという報告を目にしたことはなく、そのような話を聞いたことも全くない。いたことは間違いないのだが、青森、岩手両県などにくらべて早く和人と同化したり、ほかへ移住していったのだと思われる。

……………………

【コラム】⑦ なぜ宮城県と山形県で大きく違っているのか

本章の3節以下で述べてきたように、宮城県の北部には確実にアイヌ語といえるか、その可能性が高そうな地名が少なくとも一〇ヵ所ばかりある。

これに対して、奥羽山脈をはさんで西隣の山形県には著しく少ない。わたしは、いまのところ一つも見つけられないでいる。アイヌ語地名研究の第一人者であった山田秀三氏も、はっきりとそれに当たる例としては二つ挙げているだけである。そのうちの、

・尾花沢市鶴子《つるこ》字紅内《くれない》

については、大きな疑問があるとする卑見は本章の2節に記しておいた。

山田氏が、山形県では紅内と並んで「アイヌ語系と思われるもの」と指摘した、もう一つの地名は「猿羽根《さばね》」である。

この地名は現在では、尾花沢市毒《どく》沢と最上郡舟形町舟形にまたがる峠の名の「猿羽根峠」にしか残っていない。しかし、このあたりには古代、「避翼《さるはね》」の駅家《うまや》が置かれていたことが『続日本紀』（七九七年撰進）に見えている。

山田氏は、このサルハネはアイヌ語のサㇽ・パ・ナイ（葭《よし》原の・上手の・川）の「転音らしい」（『アイヌ語地名の研究』第一巻九八ページ）とし、それがのちにサバネになったと考えたのである。その推測の背景には、金田一京助氏も秋田県雄勝郡の「ナイの付く地名」の項で挙げている、

・秋田県横手市増田町狙半内《さるはんない》

という地名の知識も関係していたのではないか。

この山田説の当否を判断するうえで、二つのことが障害になっている。もとのサルハネがどこにあったのかはっきりしないことと、たとえわかったとしても、山田氏の指摘どおりであれば植生にもとづく命名になるから、いまでは検証が困難だと思われる点である。

そういうことはあるが、サルハネは日本語でも十分に解釈できる。いや、むしろ、その方がずっと地名の意味を理解しやすいといっても過言ではない。ヒントの一つは、

・福島県伊達市梁川町舟生《ふにゅう》字栗生《くりゅう》の猿跳岩《さるはね》

である。

ここと宮城県伊具郡丸森町耕野《こうや》とのあいだの阿武隈川は、急に川幅がせばまって、急流が岩をかむ「猿跳」と呼ばれる景勝の地になっている。その右岸にそそり立つ高さ四〇メートルほどの奇岩が猿跳岩である。すなわち、「猿にしか登れない」「猿なら登れる」といったほどの意であろう。

・新潟県魚沼市湯之谷と同市宇津野《うつの》との境の猿跳橋《さるはね》

は、佐梨川（信濃川水系魚野川の支流）にかかるが、これも右と同趣旨の名らしい。「猿が跳ねる」という代わりに「猿が飛ぶ」と称した地名もあって、

・新潟県中魚沼郡津南町《つなん》結東《けっとう》字逆巻《さかまき》の猿飛橋《さるとび》

・愛媛県上浮穴郡《かみうけな》久万《くま》高原町若山の猿飛谷《さるとび》

などが例として挙げられる。

要するに、サバネはアイヌ語サㇽパナイに由来すると考えるより、ここに挙げたような地名

に使われている日本語のサルハネが長い年月のあいだに、そのように変化したとみる方が合理的ではないか。

もし、卑見のとおりだとしたら、山田氏の立場にしたがっても、山形県にはアイヌ語地名が見つからないことになる。もちろん、これに対する異論は少なくあるまい。とくに、アイヌ語地名は列島の全域に分布すると信じて疑わない人びとには、そもそもこんな問題の設定自体が無意味なものであろう。

お断りしておきたいが、わたしは山形県にはアイヌ語地名が皆無だと断言しているわけではない。これまでの取材では確認できないといっているのである。今後、見つけられる可能性はあり、その方がむしろ自然かもしれない。しかし、その場合でも宮城県ほどの数になることはないと思っている。卑見では、この二つの県のあいだには、たしかに大きな違いがある。それは、なぜなのか。

アイヌ人は、北方から南下してきた民族であった。その時期を特定することは難しいが、土器と葬制の特徴によって三―五世紀をはさんだ数百年間に一つのピークがあったらしいと、わたしは考えている。このあたりについては拙著『アイヌ語地名の南限を探る』の第九章「アイヌ民族は、いつ南下してきたか」に、やや詳しく記しておいたので、ここでは再述はひかえておきたい。

仮にアイヌ人の南下がずっと早くから始まっていたとしても、東北地方にはすでに和人もしくはアイヌとは別種の民族が住んでいたはずである。その先住者たちは、農耕を主としていたに違いなく、新来のアイヌ人は彼らと地域を住み分けつつ、狩猟・採集・漁撈に従う生活をつづけたと思われる。

アイヌ語地名は、そのような生活域に残って今日に至ったことになる。つまり、山形県はアイヌの移住先とはならず、だからアイヌ語地名がないか、あったとしても宮城県にくらべて著しく少ないのである。

本章2節に掲げてある地図をもう一度ご覧いただくとわかるように、秋田県でも南部の日本海側には、実はアイヌ語地名がほとんど見当たらない。これは、もっと北の秋田市街近くまでつづく傾向である。秋田県では、奥羽山脈沿いにはアイヌ語地名だらけの地域が少なくないが、南半分の海べりでは明らかに違っている。

一方、岩手県では、かなり南部にまで太平洋岸にもアイヌ語地名の残存が確認できる。緯度では秋田県とほぼ同じ範囲になるのに、もっとまんべんなく分布しているといえる。すなわち、アイヌ人は奥羽山脈より東側を中心に岩手、秋田両県の南端にまで進出していたようである。これが、宮城県北部にアイヌ語地名がやや多い理由ではないか。

ただし、わたしのアイヌ語地名の分布調査はまことに不完全であり、以上はあくまで仮説の域を出るものではない。

おわりに

広い意味での民俗調査で、わたしが初めて東北地方を歩いたのは昭和六十一年（一九八六）秋のことだった。テーマは、狩猟習俗とくにマタギのそれが中心であった。

マタギが狩りで山へ入ったときにだけ使う隠語の一種である「山言葉」の中に、数十のアイヌ語が含まれていることは、先学の諸種の報告によってすでに教えられていた。しかし、彼らはアイヌ人の直接の子孫ではないかなどとは全く考えなかった。彼らの生態について文章を残した民俗研究者の中にも、そんな指摘をした人は皆無だったと思う。

なぜ、その可能性を頭の隅にでも置いてみようとしなかったのか、いま振り返ってみても理由がよくわからない。おそらく、あまりにも突飛すぎると、わたしを含めて、だれしもが考えたからではないか。むろん、彼らの外観上の特徴が平均的な和人とたいして違っていなかったことも関係していたろう。

さらに、マタギに注目していた人びとでも、彼らの居住域におびただしく残るアイヌ語地名を正面から取上げることがなかったことも、影響していたのではないか。地名研究は長い時間をかけてもなかなか成果が上がらず、本格的に手を染める人はいたって少ない。マタギ研究者も、その点では変わらなかったようである。

たまたま、わたしは若いころから地名に興味があったため、趣味としてその観察と取材をつづけていた。それがやがてアイヌ語地名にも向かい、折りをみては東北地方のアイヌ語に由来するとおぼしき地名が付いた場所を訪ね歩くようになった。一〇年ばかりも前のことである。

その結果、東北北部には数千のアイヌ語地名が残存するらしいことを知った。とくにマタギ集落が集中する秋田県の北秋田市阿仁《あに》や仙北市西木町上桧木内《かみひのきない》あたりには、アイヌ語地名が異常なほど濃密に分布する。この事実に加え、地名取材の折りに、近代になっても東北北部には周囲からアイヌ人とみられ、自らもそう認めていた人びとが散在していたことを耳にしたとき、わたしはマタギもまた、ひとあし早く和人に同化したアイヌ民族の末裔にほかならないと考えるようになった。

これに誤りがないとするなら、本書で扱った「近代東北地方のアイヌ人」は、マタギのように特定の地域へ集住しなかった、あるいはその機会を逃したアイヌ人だともいえそうである。彼らの痕跡は、さがせばまだまだ見つかることだろう。その存在は、日本は単一民族国家であるとする「神話」を否定する証拠の一つになる。それは残すに値する記録であり、できることなら地元で暮らす篤学者の、もっと精密な報告が現れてほしいと思う。

本書は、既刊の拙著『アイヌ語地名と日本列島人が来た道』『アイヌ語地名の南限を探る』の続編のような気持ちで筆をとった。編集は、やはりこの二著書と同じく、河出書房新社の西口徹氏に担当していただいた。同氏と、関連する編集作業に当たられた関係者のみなさま、それに聞取りにご協力していただいた多数の方々に、この場をお借りして深く感謝申し上げます。

令和五年初夏

著者識

*この作品は書き下ろしです。

筒井 功
（つつい・いさお）

1944年、高知市生まれ。民俗研究者。元・共同通信社記者。著書に『漂泊の民サンカを追って』『サンカの真実 三角寛の虚構』『サンカ社会の深層をさぐる』『風呂と日本人』『葬儀の民俗学』『日本の地名』『新・忘れられた日本人』『サンカの起源』『猿まわし 被差別の民俗学』『東京の地名』『ウナギと日本人』『「青」の民俗学』『殺牛・殺馬の民俗学』『忘れられた日本の村』（のち増補版）『日本の「アジール」を訪ねて』（のち『漂泊民の居場所』と改題して増補版）『アイヌ語地名と日本列島人が来た道』『賤民と差別の起源』『村の奇譚 里の遺風』『差別と弾圧の事件史』『アイヌ語地名の南限を探る』『利根川民俗誌』『忍びの者 その正体』『縄文語への道』などがある。第20回旅の文化賞受賞。

近代・東北アイヌの残影を追って

二〇二三年 八 月二〇日 初版印刷
二〇二三年 八 月三〇日 初版発行
著　者――筒井 功
発行者――小野寺優
発行所――株式会社河出書房新社
〒一五一-〇〇五一
東京都渋谷区千駄ヶ谷二-三二-二
電話
〇三-三四〇四-一二〇一〔営業〕
〇三-三四〇四-八六一一〔編集〕
https://www.kawade.co.jp/
組　版――株式会社ステラ
印　刷――モリモト印刷株式会社
製　本――小泉製本株式会社
落丁本・乱丁本はお取り替えいたします。

ISBN978-4-309-22896-9
Printed in Japan

筒井 功・著

利根川民俗誌

日本の原風景を歩く

坂東太郎・利根川沿岸は、
歴史と民俗の宝庫である。
赤松宗旦『利根川図志』を
引き継ぎ、柳田国男の故地・
布川から上流へ、そして、
下流の潮来、銚子へ。
日本の原郷を訪ね取材した
フィールド紀行。図版多数。

河出書房新社

筒井 功・著

忍びの者 その正体

忍者の民俗を追って

忍者は本当にいたのか——。
嗅ぎ・草調儀、方形土塁…
といった観点から、文献に加え、
猿飼村の伝承や言い伝えなどを
丹念に取材し、忍びの実態を明らかに。
「草の民俗学」書き下ろし。図版多数。

河出書房新社

筒井 功・著

アイヌ語地名の南限を探る

日本列島のアイヌ語地名は
北海道と東北北部に限られる。
「モヤ」「タッコ」「オサナイ」
という代表的なアイヌ語地名をもつ
東北の37箇所の現場を検証し、
アイヌ語地名の南限を確定した
先史・実証地名研究の決定版。

河出書房新社